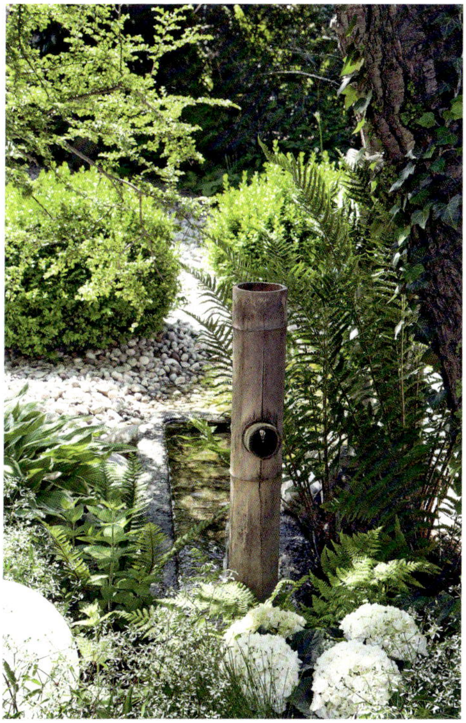

VIVIAN PELLENS

FASZINATION HORTENSIEN

GESTALTEN
VON KLASSISCH
BIS STYLISH

blv

06 HORTENSIEN SIND VIELSEITIG

08   Moderne Gestaltung mit Hortensien

12 HORTENSIEN IN TOPF UND BEET

14   Blütenreicher Topfgarten mit Hortensien
20   Hortensien passen auch in kleine Beete
26   Die schönsten Ideen für große Gärten
34   Mit Hortensien blüht Ihr Zimmer auf
40   Dekoanleitung: Tischschmuck

42 STILSICHER GESTALTEN MIT HORTENSIEN

44	New German Style: modern und natürlich
52	So bunt wie das Leben: Wilde Moderne
58	Ein Naturgarten mit Hortensien
66	**Dekoanleitung: Kränze aus Hortensien**
68	Romantischer Vintage-Stil
76	Asia-Garten: Raum für Entspannung
84	**Dekoanleitung: Sträuße mit Hortensien**

86 HORTENSIEN PFLANZEN UND PFLEGEN

88	Standort, Einpflanzen und Winterschutz
92	Hortensien düngen und Blau färben
96	Im Frühjahr wird geschnitten
98	Schädlinge und Krankheiten
100	Hortensien-Sorten im Überblick
108	Bezugsquellen für Hortensien
109	Stichwortverzeichnis
111	Über die Autorin/Impressum

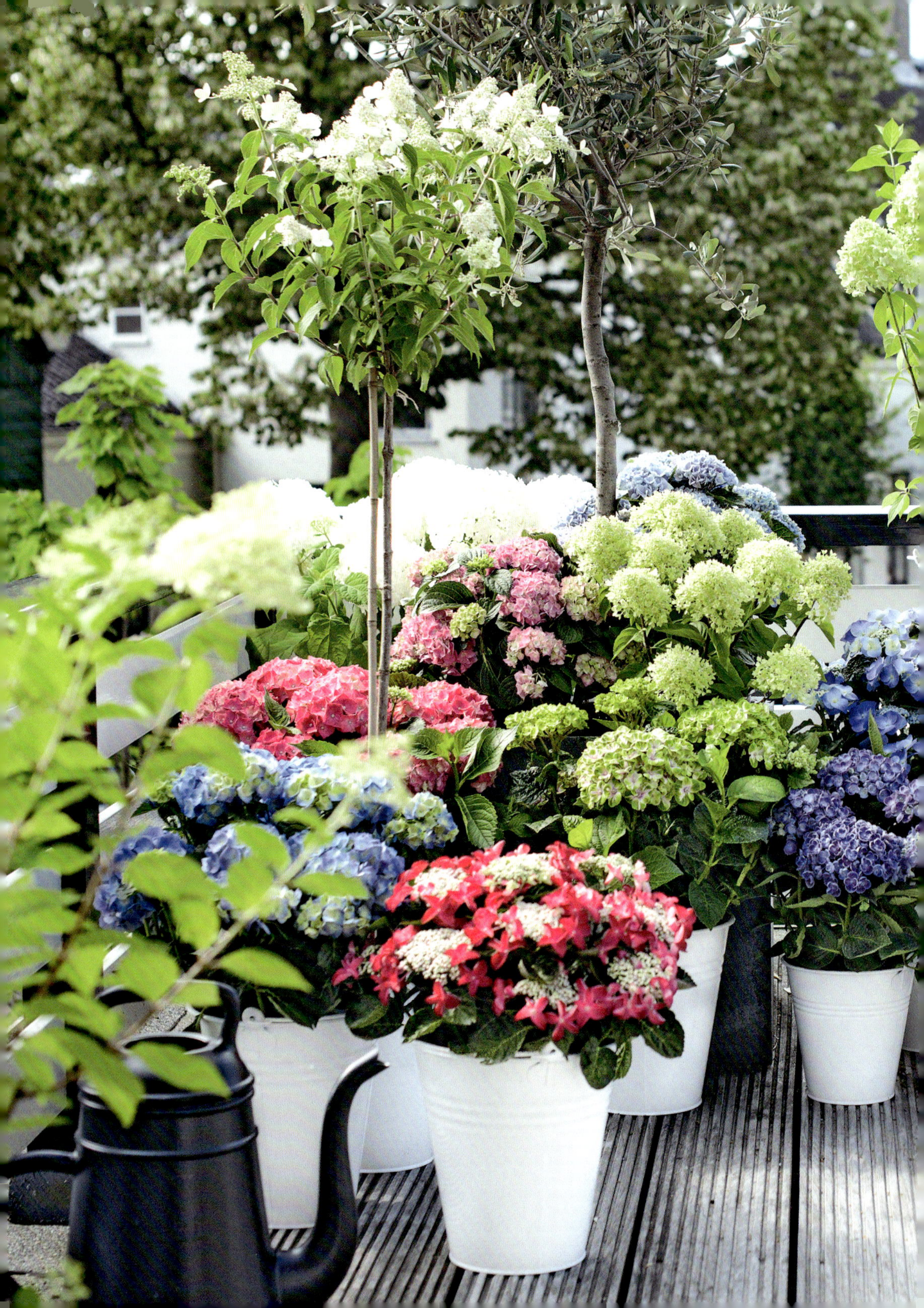

HORTENSIEN SIND VIELSEITIG

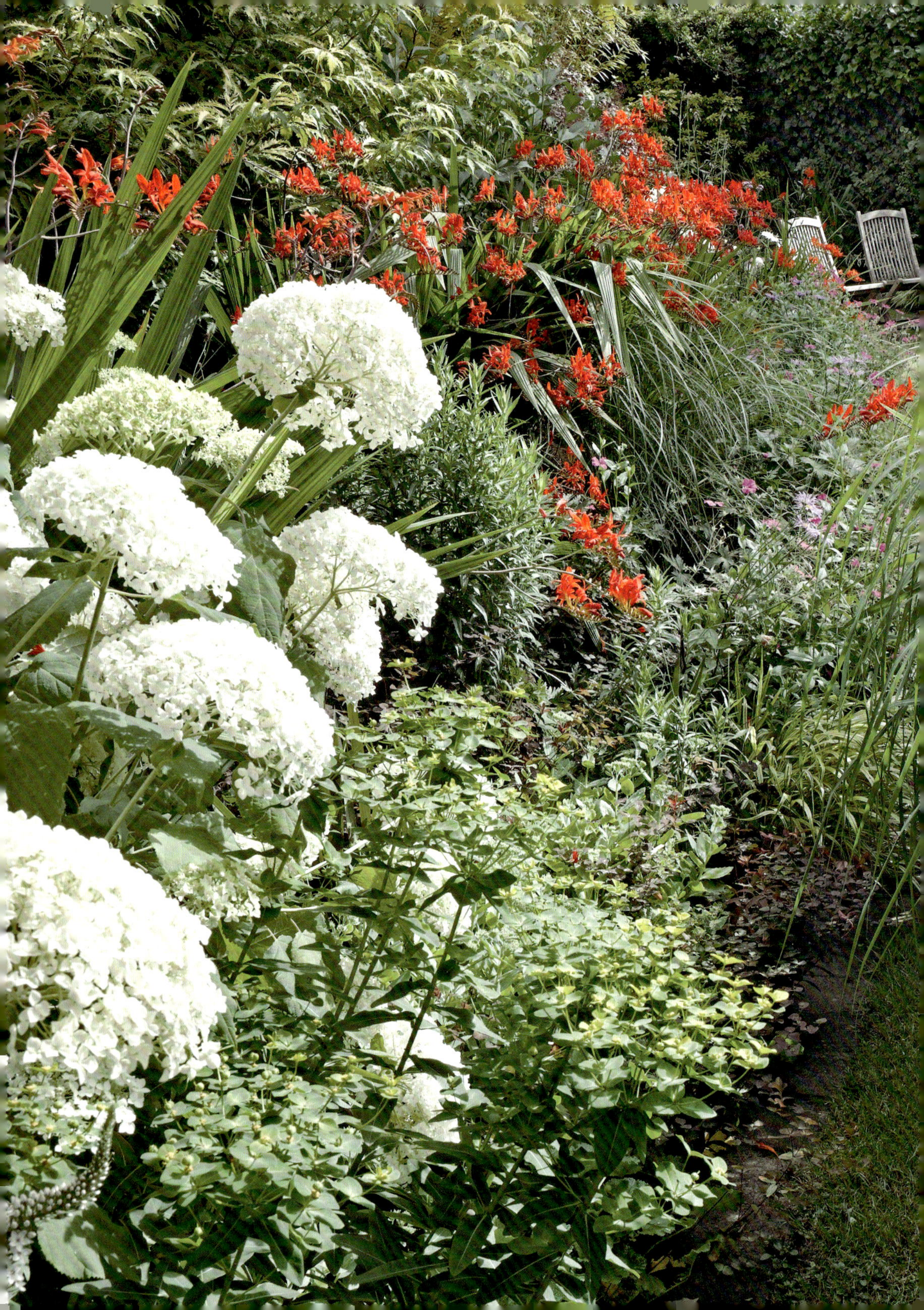

MODERNE GESTALTUNG MIT HORTENSIEN

Hortensien sind, das darf auch einmal gesagt werden,
recht unverschämte Geschöpfe. Sie sorgen mit ihren imposanten
Blüten dafür, dass man sich schnurstracks in sie verguckt.

Will man sie dann für das eigene Zuhause oder als Geschenk kaufen, kommen sie plötzlich mit zig ebenso schmucken Geschwistern und Cousinen daher, und man weiß gar nicht mehr, welche man eigentlich mitnehmen möchte. Man hört oft, sie sollen kompliziert sein in der Pflege – sind sie aber gar nicht. Und noch immer wird unterschätzt, wie vielfältig sich Hortensien zeigen können. Drinnen wie draußen, zu klassischen wie modernen Gestaltungskonzepten.

WAS SIE IN DIESEM BUCH FINDEN

Sie werden sehen, wie Hortensien in einem wilden Naturgarten ebenso zum Blickfang werden wie in einem zurückhaltenden Asia-Style-Beet. Wie Sie eine kleine Dachterrasse in der Stadt mit Hortensien in einen kunterbunten Familienort verwandeln können und ein Wohnzimmer romantisches oder edles Flair erhält. Es ist unerheblich, ob nur eine kleine Fensterbank zur Verfügung steht oder ein großes Gartenreich, ob ein heißer Balkon oder ein schattiger Vorgarten. Es kommt nicht auf den vorhandenen Platz an, sondern was Sie daraus machen möchten.

Es gibt zahlreiche spannende und hochaktuelle Gestaltungsstile, die sich mit Hortensien toll verwirklichen lassen: Da ist zum Beispiel die »Wilde Moderne«, der beliebte, eher romantische »Vintage-Stil« oder der international beachtete »New German Style«. Wir erklären, was diese Stile ausmacht, wie Sie sie umsetzen können und welche Hortensiensorten sich für welche Gestaltung am besten eignen. Möchten Sie Ihre Hortensien in Töpfen pflanzen, einen kleinen Vorgarten neu gestalten oder einen großen Landhaus-Garten? Für all das haben wir die passenden Hortensien-Tipps parat. Dazu gibt es in unserem kleinen Praxisteil noch Profi-Pflegetipps von der richtigen Pflanzung über das Gießen und Schneiden bis hin zu Strategien gegen Krankheiten und Schädlinge.

VON NAMEN UND NORMEN – DIE BASIS

Bevor wir den Spaten in die Hand nehmen und mit der Gestaltung beginnen, sollen kurz ein paar wichtige Basisdaten über Hortensien in den Blickpunkt rücken. Am Ende dieses Kapitels werden Sie schon am Namen ihrer Hortensie deren Ansprüche erkennen können.

Das erste wichtige Unterscheidungsmerkmal von Hortensien: Es gibt Arten, und es gibt Sorten. Man kann sich das wie bei einem menschlichen Familienstammbaum vorstellen: Die Art bezeichnet sozusagen eine Sippe, die Sorte das Individuum. Wichtig ist die Unterscheidung der verschiedenen Hortensienarten, weil sie nicht nur sehr unterschiedlich aussehen, sondern vor allem auch andere Standortansprüche und Schnittregeln haben. Das hängt mit ihrer Herkunft zusammen. Einige Hortensienarten stammen ursprünglich aus Asien. Andere wiederum haben auf dem amerikanischen Kontinent ihre Heimat, wo sie von der Nordostküste der USA bis nach Ecuador und Peru beheimatet sind. Die verschiedenen Bedingungen in der jeweiligen Heimat, zum Beispiel was Bodenbeschaffenheit und Klima angeht, haben zu den verschiedenen Ansprüchen der Hortensienarten geführt. Daher lässt sich, wie schon gesagt, an den Artnamen der Hortensien schon viel über ihren Charakter ablesen.

Viele weiß blühende Rispenhortensien zeigen so eine tolle rosa Herbstfärbung der Blüten wie diese links im Bild.

Vertreter der zwei populärsten Arten

Hydrangea macrophylla (oben) und *Hydrangea paniculata* (unten).

Hortensien in einem Park in Japan.

Zu erkennen ist die Art einer Hortensie beim Kauf an ihrem lateinischen Namen – um den kommen wir hier leider nicht herum. Auf die deutschen Artnamen ist nicht wirklich Verlass. Gleiche Arten werden verschieden benannt und andersherum. Fragen Sie im Zweifel beim Hortensienkauf im Geschäft nach, wenn kein deutliches Etikett dabei ist.

Der lateinische Artname der Hortensien beginnt immer mit dem Gattungsnamen »*Hydrangea*«. Das ist eine Zusammensetzung aus den griechischen Worten »hydro« für Wasser und »angeion« für Krug. Sie heißt also in etwa »Wasserkrug«, was zu der durstigen Schönheit gut passt. Nach der Gattungsbezeichnung folgt der Artname, das ergibt dann zum Beispiel den kompletten Artnamen *Hydrangea macrophylla*. Es gibt je nach Zuordnungsmethode alleine um die 60 verschiedene Hortensienarten. Für die Gartenkultur werden allerdings nur wenige verwendet, Sie müssen sich also nur eine Handvoll Namen merken.

Übersicht der wichtigsten Arten

- *Hydrangea arborescens* (Deutsche Namen: Schneeballhortensie, Waldhortensie, Baumhortensie) – benötigter Standort: sonnig bis vollschattig
- *Hydrangea aspera* (Raublatthortensie, Rauhortensie, Samthortensie, Fellhortensie) – bevorzugter Standort: halbschattig
- *Hydrangea macrophylla* (Bauernhortensie, Gartenhortensie, Ballhortensie, Tellerhortensie) – Standort: halbschattig
- *Hydrangea paniculata* (Rispenhortensie, Schmetterlingshortensie) – Standort: vollsonnig bis halbschattig
- *Hydrangea quercifolia* (Eichblatthortensie, Eichenhortensie) – Standort: sonnig bis halbschattig
- *Hydrangea serrata* (Tellerhortensie, Berghortensie) – Standort: halbschattig bis vollschattig

Nun zu den Sorten. Jede Hortensie, die aus einem Samen heranwächst, ist eine eigene Sorte. Die komplette Bezeichnung einer Hortensie setzt sich zusammen aus Gattungsnamen plus Artname plus Sortenname. Ein Beispiel: *Hydrangea macrophylla* 'Bela'.

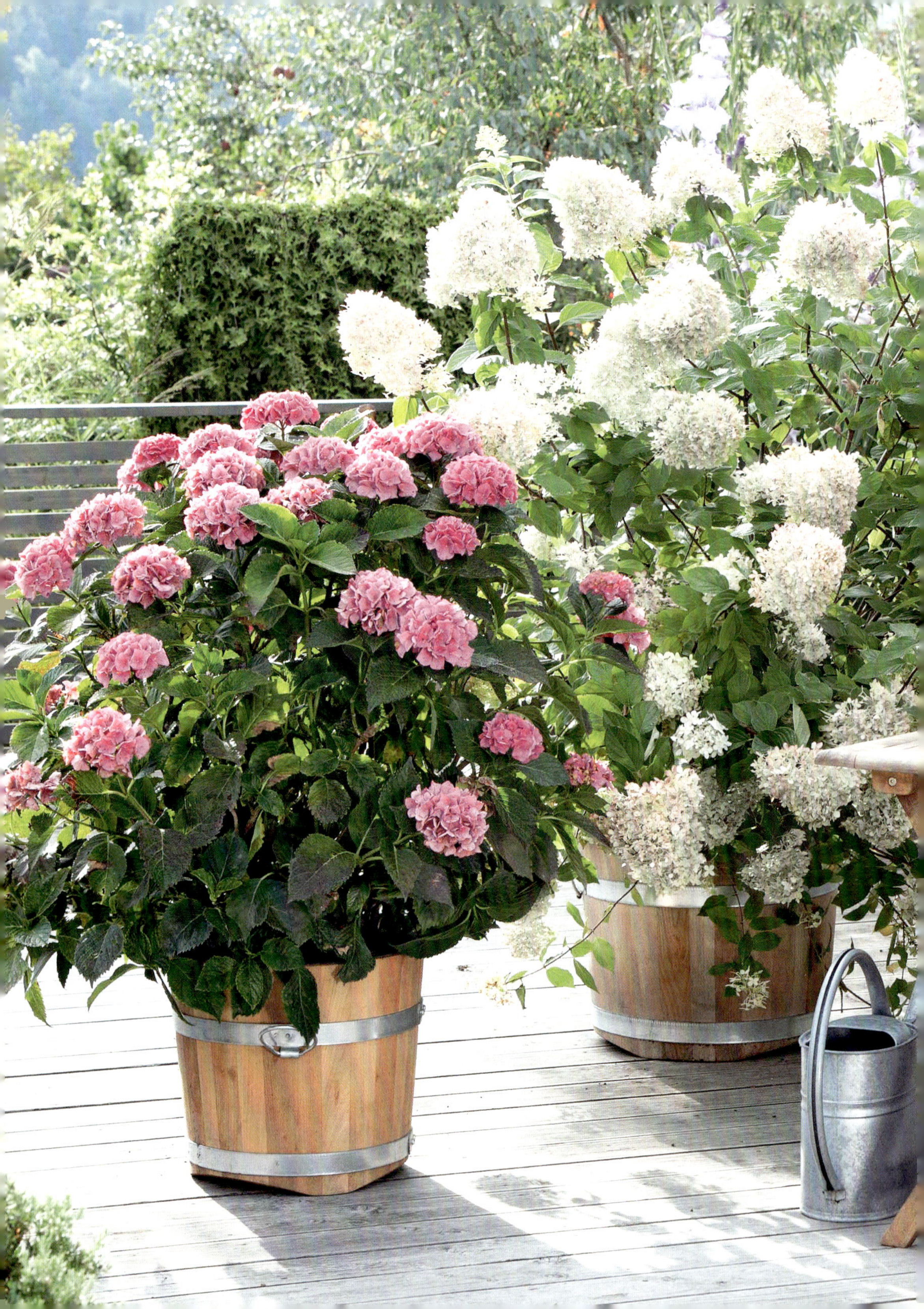

HORTENSIEN IN TOPF UND BEET

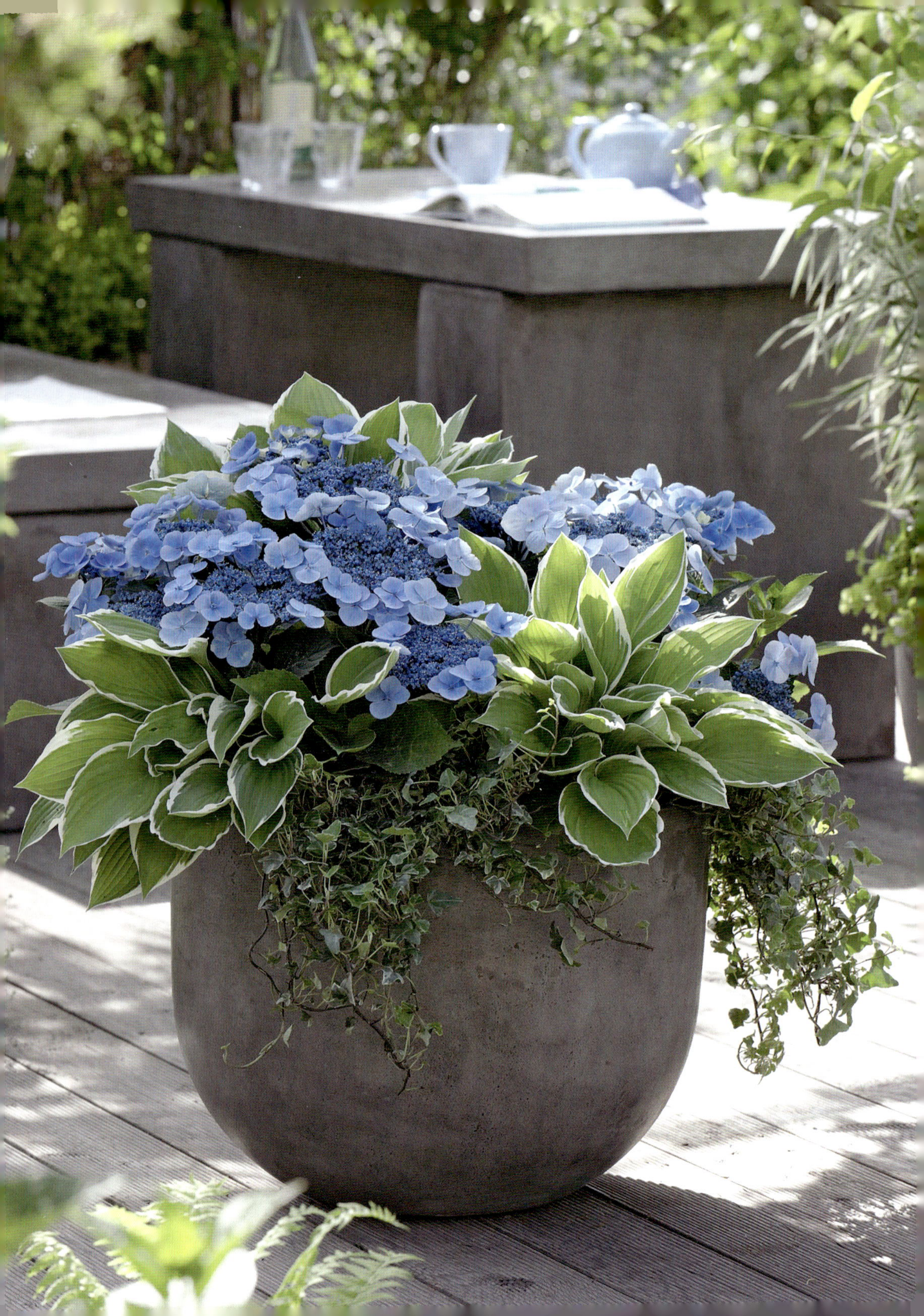

BLÜHENDER TOPFGARTEN MIT HORTENSIEN

Hortensien eignen sich wunderbar als Topf- und Kübelpflanzen.
Ihr buschiger Wuchs lässt selbst größere Gefäße rund ums Jahr niemals
leer erscheinen, und es gibt spannende Sonderformen, wie
beispielsweise Hortensien-Ampeln und Hochstamm-Hortensien.

WELCHEN TOPF NEHME ICH?

Tontöpfe, Kunststoffkübel, Zinkwannen, Holztröge – es macht durchaus nicht nur einen optischen Unterschied, in welches Gefäß Sie Ihre Hortensie pflanzen. Denn das Material nimmt Einfluss auf Wassermenge und Temperatur im Kübel. Hortensien sind sehr, sehr durstige Zeitgenossen und mögen eher einen kühlen Wurzelbereich. Tontöpfe und Holzgefäße können eine gewisse Menge Feuchtigkeit speichern und damit die Erde im Topf kühl und in gewissem Maße auch feuchter halten. Sie sind daher besser geeignet als Kunststoffkübel und Metallgefäße, die das nicht können. Zudem heizen Kunststoff (besonders in dunklen Farben) und Metall sich in der Sonne stark auf. Von daher: Für sonnige Standorte Gefäße aus Ton und Holz sowie helle Farben wählen, für schattige sind auch Kunststoff, Metall und dunkle Töne in Ordnung.

GIESSEN, GIESSEN, GIESSEN

Wer Topfhortensien hat, kommt im Sommer an trockenen Tagen vermutlich nicht umhin, täglich zu gießen. Hortensien sind nun mal durstige Geschöpfe. Es hilft, wenn das Pflanzgefäß nicht so stark durchwurzelt ist und somit die vorhandene Erde mehr Wasser speichern kann. Eine gute Idee für Hortensien ist zudem ein Topf mit Wasserspeicher. Aber Vorsicht: Die Wurzeln der Hortensie dürfen nicht direkt im Wasserreservoir stehen, da sie sonst faulen. Auf einen guten Wasserabzug ist daher überhaupt bei allen Pflanzkübeln für Hortensien zu achten. Wo er nicht optimal ist, können spezielle »Füßchen« aus dem Fachhandel helfen, auf die die Töpfe gestellt werden. Wer ein geschlossenes Gefäß nutzen möchte, zum Beispiel eine Zinkwanne, stellt seine Hortensien am besten regengeschützt auf und gießt regelmäßig von Hand.

Bei Topfhortensien zu beachten ist zudem der Wind. Er trocknet die Erde weiter aus, es muss öfter gegossen werden. Töpfe mit kleiner Standfläche sind außerdem gefährdet bei Wind umzufallen, wodurch Triebe abbrechen können. Wählen Sie insbesondere für höhere Sorten stabile Gefäße und stützen Sie sie wo nötig ab, zum Beispiel mit anderen Pflanzgefäßen oder durch unauffälliges Anbinden. Wind kann aber auch positiv sein: Vor Mauern oder auf Balkonen bringt er Kühlung und schützt teilweise sogar vor Schädlingsbefall.

Hochstämmchen sind anfällig für Windwurf. Schwere Gefäße verwenden oder anbinden!

DIE RICHTIGE TOPFGRÖSSE WÄHLEN

Ein zu großer Topf ist übrigens genauso ungünstig wie ein zu kleiner. Ist viel nicht durchwurzelte Erde im Topf, bleibt diese womöglich dauerfeucht und kann zu Wurzelfäule führen.

PFLEGETIPPS

Es macht Sinn, für einen Topfgarten eher kompakt wachsende und nicht zu hoch werdende Hortensiensorten auszuwählen, damit das Pflanzgefäß nicht zu schnell durchwurzelt. So verbleibt Erdvolumen für das Speichern von Wasser und Nährstoffen. Umtopfen müssen Sie aber auch bei ganz durchwurzeltem Topf nur, wenn die Hortensie noch weiter wachsen soll. Das kann sie nur, wenn auch mehr Wurzelmasse vorhanden ist. Damit die Hortensie keinen Mangel leidet, müssen sie bei ganz durchwurzeltem Topf allerdings vermutlich öfter gießen und düngen. Beachten Sie außerdem, dass kleinere Töpfe schwerer zu überwintern sind als größere (mehr zum Winterschutz finden Sie ab Seite 89).

GESTALTEN MIT KONTRASTEN

Nun schauen wir mal, wie wir die Hortensie im Topf am elegantesten zur Schau stellen. Hortensien mögen sich nicht gern um Platz für ihre Wurzeln streiten. Daher ist es gut, jedem Exemplar einen eigenen Pflanztopf zu geben. Dazu stellen Sie dann ganz nach Lust

Schöner Platz im Handumdrehen

Edle Hortensien machen auch in provisorischen Gefäßen aus einem tristen Eck einen tollen Sitzplatz.

und Laune andere Kübelpflanzen mit gleichen Standortvorlieben. Besonders interessant wird das Gesamtbild, wenn Sie Pflanzen mit verschiedenen Blüten- oder Blattformen und -farben zusammen aufstellen. Versuchen Sie einmal Sommerflieder mit seinen länglichen Rispen neben einer Ballhortensie. Oder ein dunkellaubiges Gras neben einer weißblütigen Hortensie. Selbstverständlich machen sich Hortensien aber auch als Solitärpflanzen hervorragend. Eine große Amphore neben einer Gartenbank, ein Pflanztrog neben der Einfahrt – die großen Blüten der Hortensien füllen bisherige Leerräume locker mit Leben. Mit etwas Rücksicht auf den Wurzelraum besteht aber auch die Möglichkeit, eine Hortensie in eine Mischpflanzung zu setzen. Dann sollten Sie für die Hortensienwurzel so viel Platz lassen, wie die ausgewählte Hortensiensorte auch oberirdisch breit wird. Auch eine Wurzelsperre hilft. Daneben können Sie dann andere Pflanzen setzen, die ebenfalls saure Erde und viel Wasser benötigen oder vertragen. Dazu gehören zum Beispiel im Schattenbereich Azaleen, Rhododendren, Storchschnabel, einige Seggen, Farne und Funkien, aber auch Schnittlauch. Für sonnige Standorte eignen sich ebenfalls einige Seggen, Fuchsien und Verbenen. Und wer selber ernten möchte, sollte Hortensien einmal mit Tomaten, Petersilie oder Blaubeeren kombinieren.

UNSERE SORTENEMPFEHLUNGEN

'Early Blue' – Tiefblaue Ballhortensie
Ihren Namen trägt diese *H. macrophylla*, weil sie ihre kräftig blauen Blüten schon früh im Jahr öffnet. In der Kübelbepflanzung hat sie sich schon viele Jahre als robuste Sorte bewährt. Sie wird etwa 1 Meter hoch und schmückt sich den ganzen Sommer über mit zahlreichen Ballblüten. Bei weniger saurem Boden mit geringem Aluminiumanteil wird sie kräftig rosa. Sie verträgt Temperaturen bis um −15 °C.

'Pink Sensation' – Für Kübel und Beet
In einem wunderschönen, sanften Rosa-Ton blüht die *H. macrophylla* 'Pink Sensation'. Die mittelstark wachsende Sorte erreicht eine maximale Höhe um 1,50 Meter und hat damit das richtige Maß für Kübelpflanzungen, passt aber auch ins Blumenbeet. Temperaturen bis −15 °C hält sie problemlos aus.

'Schloss Zuschendorf' – Trägt rote Stiele zur Schau
Eine Besonderheit ist die noch relativ neue *H. macrophylla* SAXON® 'Schloss Zuschendorf', denn ihre rosafarbenen Blüten werden von rötlichen bis rot-schwarzen Stielen getragen. Sie ist für Kübel sehr gut geeignet, denn ihre Wurzeln sind recht unempfindlich gegenüber wärmeren Temperaturen, wie sie

---

So blau wie 'Early Blue' wird kaum eine Hortensie. Diese allerdings auch nur bei ausreichender Versorgung mit Metallen aus dem Boden.

Hat ihren Sortennamen von einem Schloss bei Pirna: Die rosa Hortensie 'Schloss Zuschendorf'.

gerade in Kübeln häufiger vorkommen. 'Schloss Zuschendorf' wird maximal um 1,50 Meter hoch und ist winterhart bis etwa −15 °C.

'Tiffany' – Wunderbar auf erhöhten Standorten

Ebenfalls eine *H. macrophylla* ist die Sorte 'Tiffany', (im Bild re. oben), die maximal 1,50 Meter hoch wird. Ihre tellerförmigen Blüten in dunklem Rosa oder Lila haben eine hellere Mitte und werden zum Rand hin dunkler. Auch ihr Laub ist auffällig dunkel. Ihr Wuchs ist eher breit und teils sogar überhängend. Damit macht sie sich besonders in Kübeln gut, die zum Beispiel auf einer Treppe oder einem Podest etwas erhöht stehen. Sie verträgt Sonne recht gut und ist winterhart bis etwa −15 °C.

'Bobo' – Die kleine Sonnenanbeterin

Für vollsonnige oder sehr warme Standorte bietet sich als Kübelpflanze die *H. paniculata* 'Bobo' an. Sie bleibt mit rund 80 cm Höhe und 90 cm Breite sehr kompakt und lässt sich so auf Balkon und Terrasse gut unterbringen. Trotz ihrer geringen Größe bezaubert sie verlässlich mit dichten, schneeweißen Rispenblüten. 'Bobo' ist winterhart bis etwa −15 °C.

In unserer Sortentabelle (ab Seite 100) finden Sie noch mehr Sorten, die sich für die Gefäßbepflanzung eignen.

'Bobo' hält es auch auf einer Südterrasse aus und sorgt mit schneeweißen Blüten für kühlende Atmosphäre.

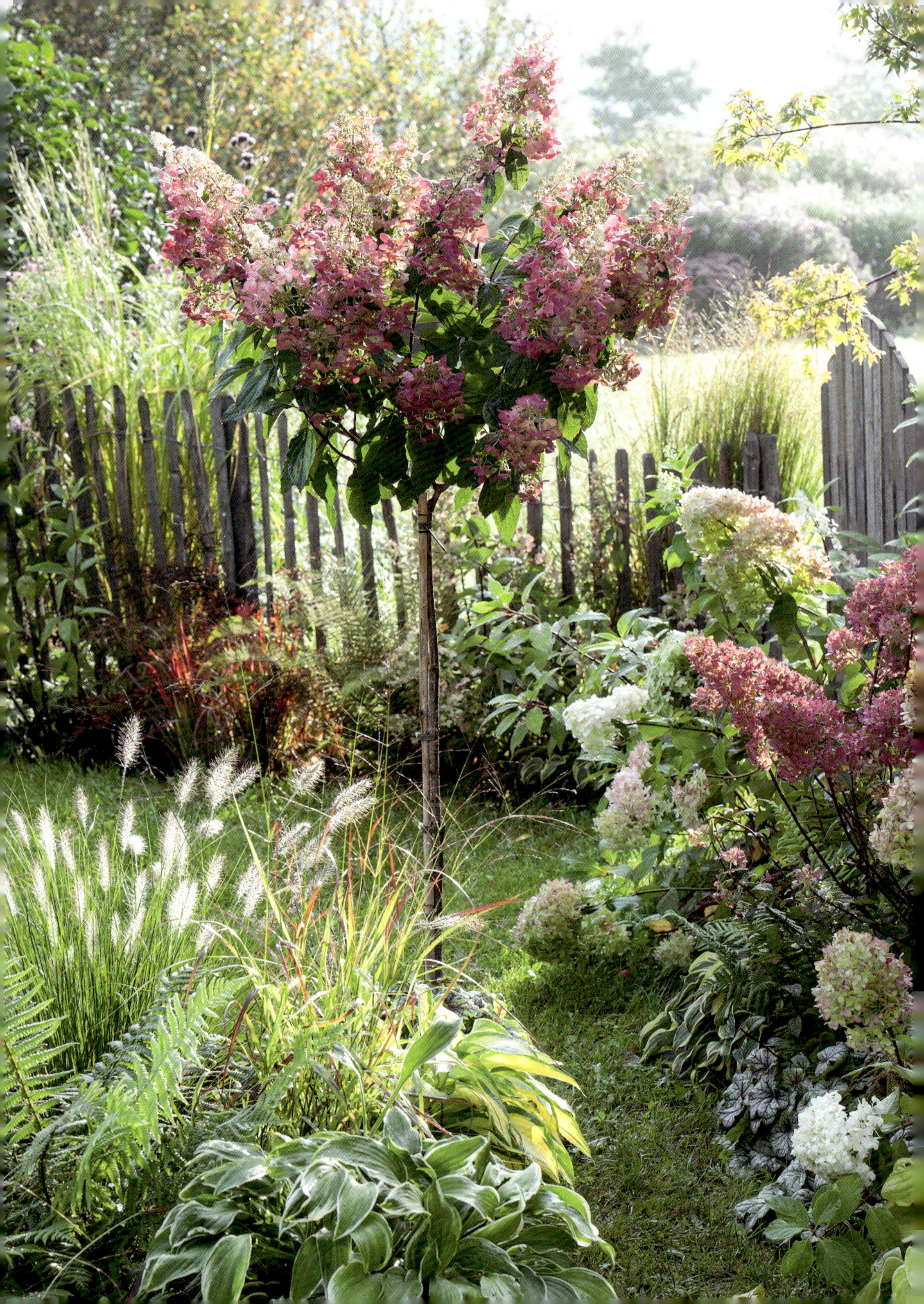

HORTENSIEN PASSEN AUCH IN KLEINE BEETE

Hortensien sind längst nicht nur etwas für große Gärten.
Ja, früher standen meist riesige Exemplare in parkartigen Anlagen oder
den großen Bauerngärten. Doch inzwischen gibt es zahlreiche Züchtungen,
die sich wunderbar für kleine Bereiche rund ums Haus eignen.
Wir stellen pflegerische Besonderheiten und zauberhafte Gestaltungsmöglichkeiten für kleinere Pflanzungen mit Hortensien vor.

Zwei Typen von Hortensien eignen sich besonders, wenn nur wenig Platz zur Verfügung steht: Klein bleibende Sorten und solche, die sich auch mal zurückschneiden lassen. Zu Ersterem gibt es zahlreiche Hortensien, die maximal um 1 Meter oder bis 1,50 Meter hoch und breit werden. Was das Zurückschneiden angeht, sind die Arten *H. paniculata* und *H. arborescens* sehr gut geeignet. Allerdings bleiben nur sehr wenige Sorten hiervon unter 2 Meter Wuchshöhe und -breite. Inzwischen gibt es aber auch unter den *H. macrophylla* einige Sorten, noch relativ neue Züchtungen, die gut zurückgeschnitten werden können. Das Problem bei *H. macrophylla* in Sachen Schnitt ist immer, dass sie ihre Blüten bereits im Herbst für das folgende Jahr anlegen. Schneidet man diese zum falschen Zeitpunkt, kappt man die Knospen mit, die Hortensie blüht im folgenden Jahr nicht. Die neuen Sorten hingegen blühen auch am neu wachsenden Trieb. Bekommen sie im zeitigen Frühjahr einen Verkleinerungsschnitt, blühen sie noch im gleichen Jahr. Wenn auch vielleicht nicht ganz so üppig.

Pflanzideen

Drei Pflanzideen mit Hortensien speziell für kleinere Beete möchten wir Ihnen hier ans Herz legen.

Nummer eins: Platzieren Sie Ihre Hortensie lieber in einer Beetecke, statt sie mitten hinein zu setzen. Steht sie dann nahe an einer Mauer oder vor einem Dichtzaun, wächst sie eben entsprechend nur nach vorne, sieht aber trotzdem grandios aus. Sind weder Mauer noch Zaun als mögliche Abgrenzung vorhanden, bauen Sie Ihrer Hortensie vielleicht einfach eine. Sieht gut aus. Und es hat Vorteile. Sie vermeiden zum Beispiel die häufigen, unschönen »Unkrautzonen« hinter der Hortensie. Hortensien werden vor Mauern tendenziell etwas höher, weil sie geschützt stehen. Und Sie gewinnen in Ihrem Beet Raum für weitere Begleitpflanzen, die nun nicht mehr von der Hortensie seitlich bedrängt werden. Auf diese Weise können Sie zum Beispiel durch eine entsprechende Auswahl der Pflanzen die Blütezeit in ihrem Beet verlängern. Hier ist nun Raum etwa für Frühlingsblüher, wie Tulpen oder Narzissen, oder für nicht zu hoch wachsende Sorten der Herbstaster. Wählen Sie die

EIN BISSCHEN PLATZ MUSS SEIN

Der Pflanzabstand der Hortensie zu Mauern oder Zäunen sollte zumindest ein Viertel ihrer maximalen Wuchsbreite betragen, der Abstand zu anderen Pflanzen etwa die halbe Wuchsbreite.

Begleiter niedriger als Ihre Hortensie, bleibt diese während deren Blütezeit trotzdem der Star im Beet. Wählen Sie für diese Gestaltung Hortensiensorten mit einer Höhe von wenigstens 1,50 Metern, damit sie nicht im Hintergrund verschwindet. Beachten Sie noch, dass Hortensien vor Hausmauern womöglich etwas mehr Wasser benötigen, da die Steine sich durch Sonneneinstrahlung aufheizen und die Wärme auch in den Abend hinein halten. Andersherum stehen die Hortensien hier im Winter wärmer und windgeschützter, sodass Sie noch größere Chancen auf eine besonders üppige Blüte haben.

Vorschlag zwei: Pflanzen Sie doch mal ein Band aus Hortensien. Für diese Gestaltung sollte ihr Beet wenigstens 3 Meter breit und 1,50 Meter tief sein, sodass drei Hortensien von je 1 Meter Platz finden (der Pflanzabstand der Hortensien zueinander sollte knapp der maximalen Wuchsbreite einer Hortensie entsprechen). Die Hortensien werden dabei nebeneinander als Band gesetzt, entweder auf gleicher Höhe oder leicht versetzt in »Wellenform«. Wer längere Beete hat, nimmt mehr Hortensien. Die

Ganz nach vorn gehören nur ganz klein bleibende Sorten. An die Mauer würden jedoch viele passen.

Ein schattiger Sitzplatz
Dazu passt eine Hortensie in einem kleinen gemischten Beet hervorragend.

übrige Fläche können Sie je nach Platzangebot zum Beispiel im Hintergrund mit höheren Pflanzen füllen, vor den Hortensien am besten mit flachen, Wasser vertragenden Begleitern. Dies wären zum Beispiel Polster-Phlox *(Phlox subulata)*, Immergrün *(Vinca minor)* oder Segge *(Carex)*.

Vorschlag drei: Hortensien-Hochstämmchen (siehe Bild Seite 16 und Seite 20). Wenn die Fläche am Boden für eine prächtige Hortensie zu klein ist, nutzen Sie doch einfach die dritte Dimension und gehen Sie in die Höhe. Im Handel bekommen Sie Hortensien, die durch entsprechende Schnitttechnik zu einem Hochstamm erzogen wurden. Oben sind sie wunderbar buschig und blühen so üppig, wie man es von Hortensien kennt. Unten haben Sie Platz für andere Pflanzen. Allerdings sollten sie den direkten Fußraum der Hortensie etwas frei halten, da sie keine Wurzelkonkurrenz um Nährstoffe und Wasser mag. Im Zweifel hilft auch eine Wurzelsperre als Abgrenzung. Um Unkraut zu unterdrücken und die Fläche nicht zu leer aussehen zu lassen, können Sie unter der Hortensie gut Mulchmaterial nutzen, etwa Holzhäcksel oder Kies. Es verhindert in Sonnenbeeten zudem ein schnelles Austrocknen des Bodens. Aber auch flach wurzelnde Bodendecker wie das Sternmoos *(Sagina subulata)* sind gut geeignet.

UNSERE SORTENEMPFEHLUNGEN

'Diva Fiore' – Immer wieder neue Blüten

2015 wurde diese *H. macrophylla* auf den Markt gebracht, die sowohl am neuen Holz blüht, als auch das ganze Jahr über immer wieder neue Blüten ansetzt. »Remontieren« nennt man diese Eigenschaft. Als Blütezeit wird vom Züchter Mai bis November angegeben. Es gibt sie in Rosa, Lila und Blau. Sortennamen sind indes nicht bekannt, sie werden momentan allein unter dem Markennamen verkauft. Sie sind winterhart bis mindestens –15 °C und sowohl für das Beet, als auch für ein Gefäß geeignet.

Everbloom 'Pink Wonder' – Sichere Blüte am neuen Holz

Die Sorte 'Pink Wonder' gehört ebenfalls zu den neuen *H. macrophyllae*, die auch an den neuen Austrieben Blütenknospen bilden und daher einen Rückschnitt ohne Blühpause vertragen. Ihre großen, zartrosa Ballblüten stehen auf sehr stabilen Stielen. 'Pink Wonder' wird maximal 1,50 Meter hoch, fühlt sich auch im Kübel wohl und ist sehr gut winterhart bis ca. –15 °C. Die gleichen Eigenschaften haben auch ihre Schwestersorten 'Blue Wonder', 'Red Wonder' und 'White Wonder', die allesamt unter der Marke Everbloom im Handel sind.

'Pink Wonder' ist besonders für Anfänger geeignet. Auch grobe Schnittfehler verzeiht sie.

Gar nicht kapriziös
'Diva fiore' (oben) hat sich als unermüdlicher Blüher und sehr stabile, unempfindliche Pflanze erwiesen.

Magical 'Coral blue' – Farbspiel für vier Jahreszeiten

Bis 1 Meter hoch wird die H. macrophylla 'Coral', die zur Serie der »Magical Four Seasons« gehört. Ihre Besonderheit ist das vielfältige Farbspiel im Jahresverlauf. Sie trägt zweifarbige Blüten in Grün mit blauer Zeichnung, die sich im Spätsommer zu einem kräftigen Grün mit violettem Rand hin verfärben. Ohne Aluminiumsulfat im Boden wird sie grün-rosa. Die Blütenblätter sind recht hart und damit robust. Überhaupt ist die 'Coral' gut resistent gegen Sonne, Regen und Frost (bis ca. −15 °C). Sie eignet sich auch für den Kübel und als Zimmerhortensie.

'Pinky Winky' – Für vollsonnige Lagen

Für vollsonnige Lagen möchten wir die gut frostharte H. paniculata 'Pinky Winky' empfehlen, auch 'DVP Pinky' genannt. Sie wächst stabil aufrecht und mit 1,50 mal 1,30 Meter mehr hoch als breit, sodass sie in kleinen wie mittelgroßen Beeten einsetzbar ist. Ihre großblütigen Rispen sind zunächst weiß und färben sich dann zweifarbig dunkelrosa bis rot mit weißer Spitze. Eine aparte Sahnehaube für Ihr Beet, die von Juli bis Oktober blüht.

Hat immer Saison
Die »Magical Four Seasons«-Hortensien gibt es in zehn Farbnuancen, diese hier ist die 'Coral Blue'.

Einen prachtvollen Farbverlauf bietet 'Pinky Winky' während des Sommers.

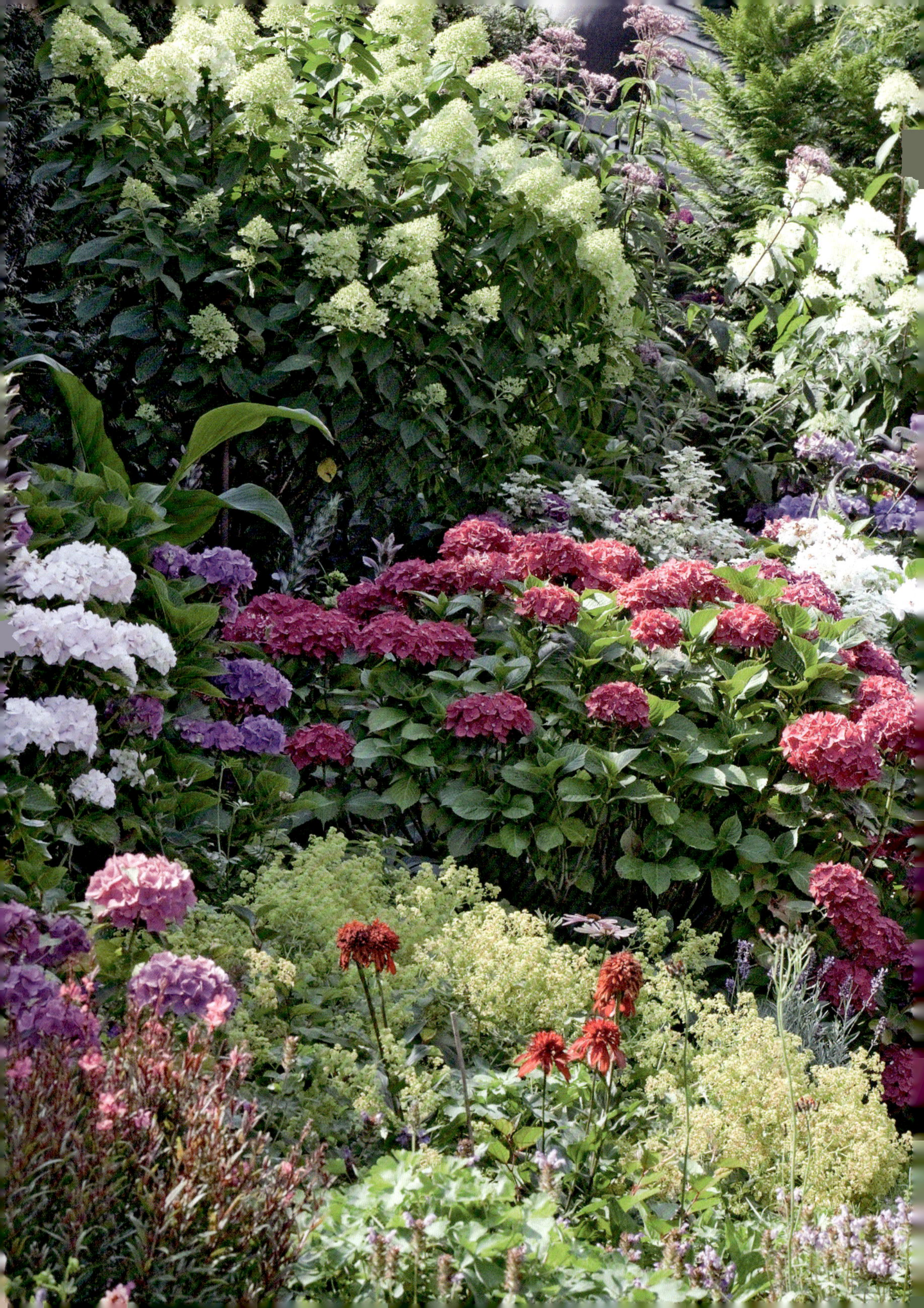

DIE SCHÖNSTEN IDEEN FÜR GROSSE GÄRTEN

Wer einen großen Garten hat, wird oft beneidet von jenen,
die weniger Raum für alle ihre Lieblingsgewächse haben. Sicher,
man muss sich nicht einschränken. Aber aus einem großen
»Nichts« ein stimmiges Gesamtbild zu erschaffen, ist wohl genauso
leicht oder schwer, wie aus einem kleinen »Nichts«.

Wir möchten hier deshalb ein paar Anregungen geben, wie Sie mit Hortensien große Bereiche vor oder hinter dem Haus, in Sonnen- oder Schattenlage ansehnlich füllen können. Außerdem haben wir ein paar Tipps für Sie, wie Sie große Hortensienbeete pflegeleichter bekommen.

VERSCHIEDENE BEETFORMEN

Lassen Sie uns für die Gestaltungsfindung von außen nach innen arbeiten. Wir fangen mit den Beetkonturen an. Wer die Chance hat, kann über den Einsatz verschiedener Beetformen bereits eine Menge Abwechslung in den Garten bringen. Ein wellenförmig begrenztes Beet wäre zum Beispiel ein wunderbarer Platz für ein ebenso wellenförmig gepflanztes Hortensienband. Was wir dazu im vorigen Kapitel für kleine Beete beschrieben haben, lässt sich ebenso wunderbar im Großen umsetzen, lesen Sie gerne dort einmal nach. Oder wie gefiele Ihnen ein Rondell, das vom Gartenbesucher über Wege oder Rasenfläche umrundet werden kann? In der Mitte könnte eine gut wüchsige Hortensiensorte die blütenreiche Hauptrolle spielen, eingefasst von niedrigeren Begleitern. Wenn das Rondell größer angelegt ist, bildet vielleicht ein schattenspendender Kleinbaum das Zentrum, umstanden von mehreren Hortensien. Womöglich passt sogar noch eine Sitzgelegenheit unter den Baum, mit Splitt unterfüttert als begehbarem Belag. Mit Unkrautvlies und großen Steinen als Randbefestigung sind so ein Sitzplatz und der nötige Weg dorthin binnen eines Gartentages angelegt.

EINE HECKE ODER GAR EIN LABYRINTH?

Hortensienhecken, je nach Vorliebe bunt gemischt oder farbig sortiert gepflanzt, sind den gesamten Sommer über ein bombastischer Anblick. Hier haben Besitzer großer Gärten ein Pfund, mit dem sie unbedingt wuchern sollten. Je größer die Sorten werden, desto imposanter wird natürlich die Gestaltung. Solche Hecken wiederum lassen sich in vielfältigen Formen anlegen, kürzer oder länger, in gerader Linie oder in Schwüngen. Einseitig oder auch beidseitig: Wer einen Fußweg zwischen zwei Hortensienhecken hindurch sein Eigen nennt, wird seinen neuen wahrlich märchenhaften Lieblingspfad gefunden haben. Eine nochmalige Steigerung davon wäre das Pflanzen eines Hortensien-Labyrinthes mit mehreren Wegstrecken durch die Hecken hindurch. Man muss sich ja nicht tatsächlich darin verlaufen können. Aber einen Wegbereich statt mit Buchs mal mit Hortensienrändern zu bestücken – prächtig.

Eine kühle, schattige Sitzecke lässt sich gut mit bunt blühenden Hortensien verschönern.

KEINE WIRKLICH GUTEN KÄMPFER

Wann immer Sie übrigens Hortensien unter oder in der Nähe von Bäumen oder großen Sträuchern pflanzen möchten – was aufgrund des bevorzugten (Halb-)schattens der meisten Arten grundsätzlich eine gute Idee ist – sollten Sie immer etwas Abstand zum Wurzelgeflecht des Baumes behalten. Hortensien mögen es nicht, sich mit Bäumen um Wasser und Nährstoffe streiten zu müssen – sie verlieren dabei meistens.

SCHNEEWEISSCHEN UND ROSENROT

Wer Hortensien so sehr mag, dass er gerne mehrere Sorten in seinem Garten vereinen möchte, kann diese sehr schön thematisch arrangieren. Nehmen Sie zum Beispiel zwei nahe beieinanderliegende Beetbereiche – gegenüberliegend oder nebeneinander – und geben sie jedem Teil eine eigene Farbe. So könnten sie das Märchen von »Schneeweißchen und Rosenrot« entstehen lassen, indem ein Beet nur weiße Hortensien, das andere nur rote enthält. Durch die passenden Begleitpflanzen lässt sich das Thema noch stützen. Zu den weißen Hortensien kommen Begleiter mit hellen oder panaschierten Blättern und ebenso weißen Blüten, etwa Funkien *(Hosta)* und Waldmeister *(Galium odoratum)*. Ein weißes Beet macht sich besonders in schattigen Lagen gut, da der dunklere Hintergrund das Weiß ver-

> **Wichtig:**
> **Abstand halten**
> Zwischen zwei Hortensien mind. zwei Drittel der max. Wuchsbreite, zu Wegen wenigstens die Hälfte Platz lassen.

stärkt. Das rote Beet wäre mit rot belaubten oder rot blühenden Pflanzen, wie Prachtspieren *(Astilbe)*, Fetthennen *(Sedum)* oder Japanischem Blutgras *(Imperata cylindrica)*, gut bestückt.

Die wunderbare Eigenschaft der rosa und lauen Bauernhortensien, dass sie ihre Farbe wechseln können, ermöglicht eine weitere tolle Gestaltung, ein »Spiegelbeet«:

In zwei gleich geschnittenen, gegenüberliegenden Beeten werden jeweils dieselben Hortensiensorten an dieselbe Stelle gepflanzt. Nur wird das eine Beet in Rosa gehalten, im anderen werden die Hortensien blau gefärbt (zur Blaufärbung siehe Seite 95). Toll ist es, wenn auch die Begleitpflanzen entsprechend ausgewählt werden. Auch wenn es nicht ganz einfach ist, Arten zu finden, die sowohl in Blau wie in Rosa zu bekommen sind und die Liebe zu feuchthumoser Erde sowie Halbschatten teilen. Passen würden hier Azaleen *(Azalea)*, Storchschnabel *(Geranium)*, Lupinen *(Lupinus)*, Glockenblumen *(Campanula)* und Immergrün *(Vinca)*. Für etwas sonnigere Lagen zudem Prachtscharte *(Liatris)* und Flammenblumen *(Phlox)*. Immer passen natürlich reine Grünpflanzen, zum Beispiel Buchs *(Buxus)* und Stechpalme *(Ilex)*, oder neutral weiß blühende Stauden.

Prächtige Solitäre

Einige Hortensien wachsen zu solch imposanten Exemplaren heran. Dafür brauchen sie aber Platz und etwas Zeit.

Toll an einem großen Garten ist auch, dass man viele dekorative Elemente mit einbeziehen kann. Ein Eisenzaun, in den die Hortensien hineinwachsen dürfen, sieht wunderbar aus. An einem Pavillon oder einer Steinmauer könnte eine Kletterhortensie emporwachsen. In großen Kübeln gepflanzt werden Hortensien neben der Sitzecke, zentral im Rasen oder eingebettet im Blumenbeet zusätzlich zum Blickfang.

BEWÄSSERUNG IM GROSSEN GARTEN

Um die Pflege eines großen Gartens zu erleichtern, insbesondere einem mit durstigen Hortensien, ist allem voran die Anschaffung eines fest installierten Bewässerungssystems zu empfehlen. Dazu wird am besten knapp unter der Erde ein Schlauchsystem verlegt, welches das Wasser in die verschiedenen Gartenteile bringt. Da innerhalb eines größeren Gartens verschiedene Klein-Klimata und womöglich Bodenbeschaffenheiten vorliegen können – etwas lehmiger und schattiger hier, etwas sandiger und sonniger dort – sollten diese Bereiche einzeln zu bewässern sein. Sonst steht im Lehm womöglich schon ein halber See auf den Beeten, während eine Sonnenecke noch mehr Wasser gebrauchen könnte. Wo Hortensien mit anderen Pflanzen zusammenstehen, die ebenfalls viel Wasser benötigen oder zumindest vertragen, sind breitflächige Regner angebracht. Für Kübel oder Beethortensien, die inmitten weniger durstiger Pflanzen stehen, nutzt man am besten Tropfer. Die bringen das Wasser gezielt nur zu den Hortensien. Ob man das Ganze dann über einen Bewässerungscomputer steuern lässt oder selbst die Hähne auf und zu dreht, ist Geschmackssache.

Um die benötigte Wassermenge am besten abschätzen zu können, gießen Sie am besten in den Morgenstunden. Vor der Hitze, die viel Wasser verdunstet, bevor es an den Wurzeln ankommt. Und nach eventuellem nächtlichen Tau, der schon Feuchtigkeit bereitgestellt hat.

SCHUTZ GEGEN WILDKRAUT

Wer seine Beete mit einer Abdeckung gegen unerwünschte Wildpflanzen schützen möchte, hat bei Hortensien die freie Auswahl. Sie vertragen ein Bändchen-Gewebe mit zum Beispiel Split darauf um die Füße herum ebenso wie Grasschnitt oder Rindenmulch. Letztere werden von vielen Stauden nicht vertragen, weil sie den Boden sauer machen. Hortensien mögen aber sauren Boden. Nutzen Sie ein Vlies oder Gewebe als Unkrautsperre, aber achten Sie darauf, das Pflanzloch für die Hortensie groß genug auszuschneiden. Da die Hortensie ja größer wird und die neuen Triebe rundum aus dem Boden herauswachsen möchten. Oder probieren Sie flachwurzelnde Bodendecker wie Walderdbeere oder Sternmoos statt Gewebe aus.

UNSERE SORTENEMPFEHLUNGEN

'Bela' – Noch immer eine der Besten
Die Ballhortensie 'Bela' ist schon viele Jahre auf dem Markt und gilt als eine der zuverlässigsten und robustesten Hortensiensorten. Ihre großen Blüten strahlen in entsprechendem Boden in einem kräftigen Stahlblau, überraschen jedoch auch manchmal durch ein spannendes Farbspiel in Richtung Rosa – an ein und demselben Busch. Sie ist eine stark wachsende *H. macrophylla*, und wird bis 2 Meter hoch und breit. Sie bevorzugt den Halbschatten, lässt sich vorsichtig auch an sonnigere Lagen gewöhnen und ist frostfest bis −20 °C.

'Bela' ist ein dankbarer Langzeitblüher, der z. B. sehr gut in große Bauerngärten passt.

'Endless Summer' – Die Pionierin

Diese Ballhortensie war eine der ersten bekannten *H. macrophylla*, die ihre Blüten auch an den neuen Trieben bildete. Sie blüht daher auch in kälteren Lagen verlässlich. Zudem ist sie laut Züchter bis −30 °C winterhart. Sie blüht in Rosa oder Blau zwischen August und Oktober. Sie wird bis 1,50 Meter hoch und breit, ihre Triebe können die großen Blütenbälle allerdings manchmal nicht ganz aufrecht halten, sodass eine Stütze für sie sinnvoll ist. Inzwischen wird sie im Handel mit dem Zusatz »The Original« versehen, da der Sortenname zu einem Markennamen geworden ist, unter dem auch andere Hortensiensorten verkauft werden.

'Limelight' – Riesige Rispen

Die *H. paniculata* 'Limelight' wird je nach Lage bis gut 2 Meter hoch und breit und ist damit sehr gut für größere Beet-Bereiche in sonnigen bis halbschattigen Lagen geeignet. Sie lässt sich aber auch im Kübel pflanzen. Sie trägt von Juli bis September außergewöhnlich große, dichte Blütenrispen. Diese wandeln ihre Farbe von grünlich über grünlich-weiß bis zu einer rötlichen Herbstfärbung. Der ursprüngliche Sortenname der 'Limelight' lautet übrigens 'Zwijnenburg'.

Erprobter Vorreiter
'Endless Summer' (oben) ist das Original einer ganzen Generation neuer, unkomplizierter *H. macrophylla*.

'Limelight' ist ein wahrer Kombikünstler und passt zu vielen Stilen und Farben im Beet.

'Schöne Bautznerin' – Eine Robuste in Rot

Bis zu 1,50 Meter hoch wird die robuste *H. macrophylla* 'Schöne Bautznerin', die 1975 in Deutschland gezüchtet wurde und bis heute zu den empfehlenswertesten Hortensien gehört. Sie trägt große Ballblüten in Rot bis Lila auf sehr stabilen Stielen. Sie ist winterhart bis rund −20 °C und macht sich im Beet wie im Kübel sehr gut. Die Sorte ist auch unter dem Namen 'Red Baron' bekannt. Sie ist auch noch für etwas sonnigere Standorte geeignet.

'Zorro' – Blau mit schwarzen Stielen

Stahlblaue Blüten auf schwarzen Stielen und noch dazu robust und sehr gut winterhart, mit diesen Eigenschaften gehört die Sorte 'Zorro' einfach zu den besten *H. macrophylla* für große Beete. Sie wächst zügig auf bis zu 2 Meter Höhe, verträgt −20 °C und fühlt sich im Kübel ebenso wohl wie im gewachsenen Boden. Die Sorte hat sich in Auspflanzungen bestens bewährt und ist wegen ihrer tollen dunklen Blütenstiele und riesigen Blüten als Solitärgehölz quasi prädestiniert.

Die 'Schöne Bautznerin' überzeugt durch ihre standfesten Triebe, die die großen Blütenbälle aufrecht tragen können.

'Zorro' imponiert mit tellerförmigen Blütenständen mit riesigen Einzelblüten.

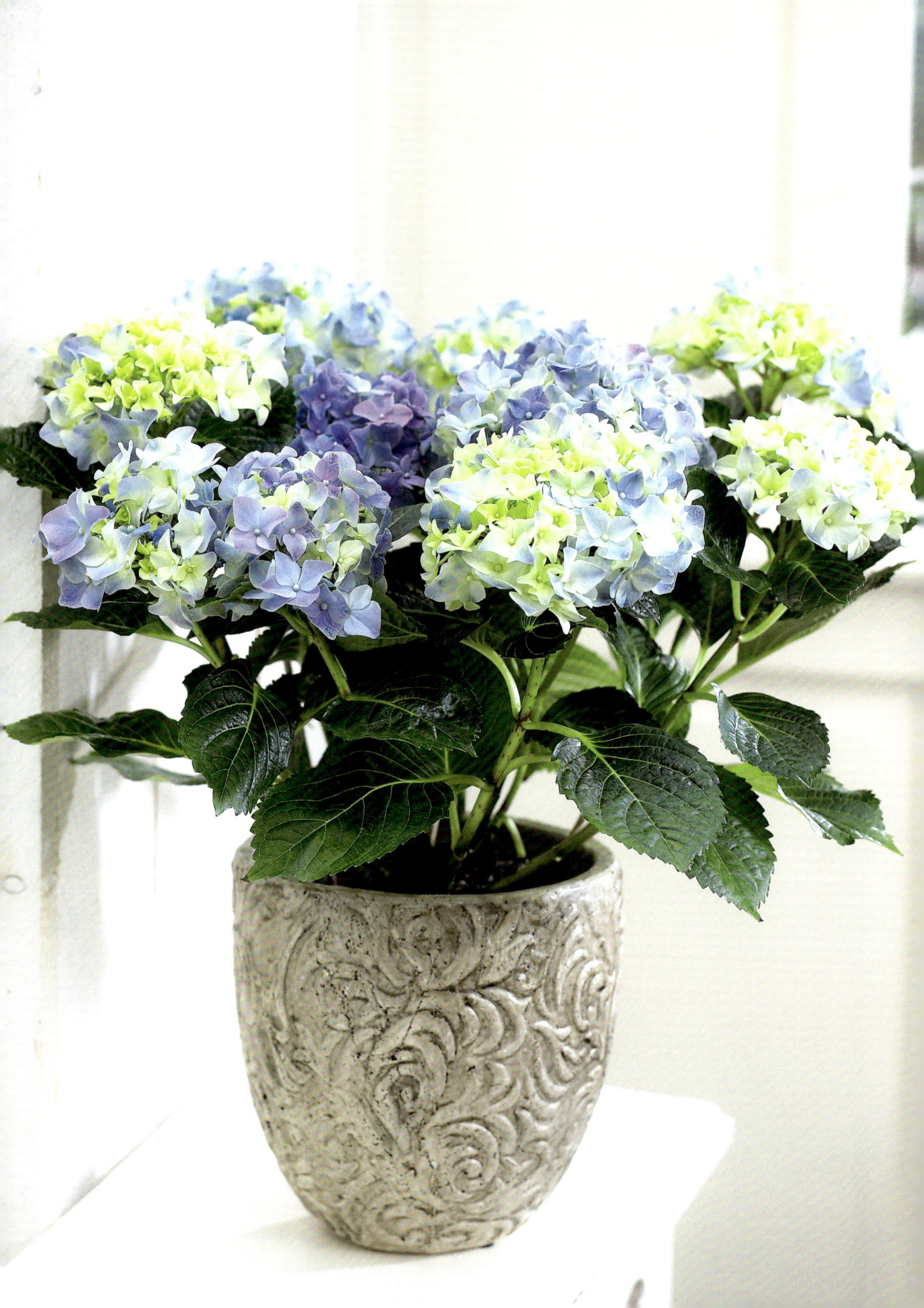

MIT HORTENSIEN BLÜHT IHR ZIMMER AUF

Bereits ab Mitte Februar sind die ersten blühenden Hortensien im Handel und machen es Hortensienfreunden schwer, daran vorbeizugehen. Es sind die Zimmerhortensien, die für den lang ersehnten ersten Frühling auf Fensterbank und Kaffeetisch sorgen.

Mancher mag sie dennoch nicht so gerne kaufen, weil Hortensien vermeintlich doch eigentlich nach draußen gehören und die frühe Blüte »unnatürlich« erscheint. Machen Sie sich jedoch keine Sorgen, die Hortensien sind nicht »künstlich« zur Blüte gebracht, sondern im warmen Gewächshaus lediglich früher aus ihrem Winterschlaf geholt worden. An einem guten Platz und mit der passenden Pflege, blühen sie wie die Hortensien draußen, je nach Sorte über sechs bis zwölf Wochen hinweg und zeigen anschließend das typische »Vergrünen«. Unser Tipp dazu ist allerdings, bis Anfang März mit dem Kauf der Zimmerhortensien zu warten:

Im Februar ist der Sonnenstand in unseren Breiten noch sehr niedrig, sodass kaum ausreichend Licht in die Wohnungen fällt, selbst direkt am Fenster. Das verkürzt die Blütezeit. Im März ist die Strahlung der Sonne schon ein Stück intensiver, sodass sich die Hortensien im Haus besser halten können und Sie haben länger etwas davon.

STANDORT UND PFLEGE

Ein idealer Standort für Zimmerhortensien ist ein Fenster Richtung Süd-Osten oder Westen. Hier kommt genug Licht an, aber nur halbtags Sonne. Das sind die besten Voraussetzungen. Wunderbar ist auch ein halbschattiger Wintergarten. Idealerweise stehen die Hortensien nicht über einer Heizung, denn warme Heizungsluft steigert die Verdunstung und damit den Durst der Pflanzen (der Fachmann spricht von Trockenstress). Außerdem fühlen sich typische Hortensienschädlinge wie Spinnmilben dort wohl und »fliegen« mit den Luftbewegungen von Pflanze zu Pflanze (mehr zu Schädlingen ab Seite 98).

Gießen Sie reichlich, Hortensien sind sehr durstig. Am besten jeweils so, dass das Wasser unten wieder herausläuft. Das über-

HORTENSIEN IN TOPF UND BEET

More is more

Mehrere Hortensien platzieren! Viele kleine Töpfe passen gut nebeneinander auf eine Bar oder den Küchentisch.

schüssige Wasser muss dann aber unbedingt entfernt werden. Staunässe lässt die Wurzeln der Hortensien faulen. Daher ist es gut, wenn zwischen Pflanztopf und eventuell genutztem Übertopf rundum etwas Abstand verbleibt. So sorgt die Luftzirkulation für gesundes Wurzelklima. Pflanzen Sie Hortensien nicht direkt in geschlossene Pflanzgefäße, da lässt sich der Wasserhaushalt nicht ausreichend kontrollieren. Prüfen Sie am besten täglich, ob Ihre Hortensie Wasser benötigt – oder nutzen Sie einen Wasserspeichertopf. Manche Hortensien werden inzwischen direkt damit verkauft und kommen dann bis zu fünf Tage lang ohne weiteres Gießen aus. Damit steht auch einem Wochenendtrip nichts im Wege.

Haben Sie doch einmal das Gießen versäumt und die Blätter und Blüten hängen über Nacht schlapp herunter, stellen Sie den Pflanztopf sofort in Wasser, bis keine Luftblasen mehr aufsteigen. Dann stehen die Hortensien komplett wieder auf, als wäre nichts gewesen – sofern das nicht zu häufig vorkommt.

Wenn die Hortensie verblüht, vergrünt sie. Das heißt, die Blüten werden härter und nehmen ihre Spätfärbung an – meist einen Grünton. Zunächst mal können Sie die vergrünten Blüten trocknen und zum Dekorieren nutzen. Darüber hinaus müssen wir allerdings ehrlicher Weise sagen, dass es recht unwahrscheinlich ist, dass Sie ihre Hortensie komplett im Haus stehend im nächsten Jahr wieder zum Blühen bringen. Hortensien brauchen die typischen Herbst-Winter-Frühling-Temperaturverläufe, um Blüten anzusetzen. Doch wegwerfen müssen Sie sie dennoch nicht. Zimmerhortensien sind nicht anders als Gartenhortensien, auch sie können nach draußen. Es sind zumeist klein bleibende Sorten der Art H. macrophylla. Stellen Sie die verblühten Hortensien auf den Balkon oder pflanzen Sie sie ins Beet. Wenn Sie selbst keine solche Möglichkeit haben, verschenken Sie sie doch einfach. Im nächsten Sommer wird die Pflanze draußen wieder wunderbar blühen. Etwa ab Mitte Mai können blühend gekaufte Hortensien auch direkt nach draußen gestellt werden. Wenn keine Nachtfröste mehr drohen.

MINIS FÜR DEN KAFFEETISCH

Klassischer Weise steht die Zimmerhortensie als Solistin im Übertopf auf dem Fensterbrett oder einem Tisch mit genug Tageslicht. Ihre großen Blüten und frischen Farben brauchen gar nicht unbedingt viel mehr, um den Winterblues zu vertreiben. Begeistern dürften Sie aber auch die noch recht neuen Mini-Hortensien, wie die Saxon® 'Table', die ganz herrlich zum Beispiel eine Kaffeetafel verschönern (siehe Seite 41). Diese besonders kleinen Hortensien machen sich nicht zu breit, haben aber auch nichts von ihrer strahlenden Wir-

Die neuen klein bleibenden Hortensiensorten passen fast überallhin.

Sortiment im Wandel
Bei den Zimmerhortensien tut sich gerade viel, und so werden die Einsatzmöglichkeiten immer vielfältiger.

kung eingebüßt. Da ist schnell Platz für drei, vier Hortensien verteilt auf dem Tisch. Wunderbar lassen sich diese Minis auch in Arrangements einbinden. Belassen Sie die Hortensie dabei am besten in ihrem Pflanztopf und arrangieren Sie sie wenn möglich so, dass Sie sie zum Gießen herausnehmen können. Das verhindert besagte Wurzelfäule durch Staunässe.

Suchen Sie sich Ihre Lieblings-Zimmerhortensie ruhig nach Blütenfarbe und passender Größe aus, es gibt da nicht weiter viel zu beachten. Angeboten werden in der Regel sowieso Sorten, die sich als Zimmerhortensien gut eignen. Nichtsdestoweniger möchten wir noch ein paar Sorten vorstellen, die sich gut bewährt haben.

UNSERE SORTENEMPFEHLUNGEN

'Hot Red' – Begeisterndes Tiefrot

Freunde roter Hortensien werden auf den einmalig tiefen Rotton dieser *H. macrophylla* nicht mehr verzichten wollen. Mit Aluminiumsulfat werden die Ballblüten tief lila. Sie ist kompakt wachsend und wird maximal 1 Meter hoch und breit. Soll sie überwintert werden, dann geschützt, denn sie ist etwas frostempfindlich.

'Kleiner Winterberg' – Die Weiße

Auch bei dieser *H. macrophylla* aus der Saxon®-Familie ist der Name Programm: Bis maximal 1 Meter hoch und breit wird

'Hot Red'
wächst sehr dicht und bildet viele tiefrote Blütenbälle aus. Sie macht sich gut in schlichten weißen oder grauen Gefäßen.

Bringt Frische ins Zimmer: Der 'Kleine Winterberg'.

sie und trägt schneeweiße Ballblüten. Weiße Blüten verbrennen bei starker Sonneneinstrahlung noch schneller als farbige, besonders hinter der Fensterscheibe. Daher sollte der 'Kleine Winterberg' auf keinen Fall direkte Mittagssonne abbekommen.

'hor Tivoli' – Kommt im zweifarbigen Kleid

Zweifarbige Blüten in Rosa oder Blau mit jeweils weißem Rand machen die 'Tivoli', wie sie auch genannt wird, zu einer Besonderheit. Sie wird um 1 Meter hoch und verzweigt sich sehr schön. Sie sollte auch draußen im Topf bleiben. Zweifarbige Hortensien bilden allesamt wenig Wurzeln und sind daher empfindlicher gegen Wurzelkonkurrenz. Im Topf halten sie sich aber gut.

'Together' – Gefüllte Blüten für zwölf Wochen

Gefüllte Blüten in pastelligem Rosa oder Blau trägt diese außergewöhnliche Hortensie. Die Ballblüten halten bis zu zwölf Wochen, doppelt so lange, wie bei anderen Sorten. Sie sind gut hitzebeständig und rieseln nicht. Die 'Together' wird bei ausreichendem Topfvolumen bis 1,50 Meter hoch und eignet sich später gut zum Auspflanzen oder für Kübel.

'Tivoli' gibt es auch in kräftigem Lila mit weißem Rand. Die zweifarbigen Einzelblüten der Sorte erinnern an Windräder.

Die wunderbaren Blüten von 'Together' kommen in schlichten Gefäßen am besten zur Geltung.

A

B

C

Im kleinen Topf, als Gesteck oder Gebinde: Hortensien sind eine vielseitige Tischdekoration.

DEKOANLEITUNG: TISCHSCHMUCK

Ob Sie eine große Kaffeetafel eindecken möchten oder ein Schmuckstück für einen kleinen Beistelltisch suchen, Hortensien bieten sich für Tischdekorationen immer an. Sie können sie als Topfpflanzen aufstellen oder in ein Gebinde oder Gesteck einarbeiten.

Die Variationsmöglichkeiten

1. Besonders lange Freude auf einem hell stehenden Tisch verspricht eine blühende Hortensie im Topf. Sie bleibt je nach Sorte bis zu zwölf Wochen lang schön. Stimmig wird das Gesamtbild, wenn Blüten- und Topffarbe mit den übrigen Einrichtungsgegenständen farblich harmonieren, zum Beispiel mit Kissen oder Geschirr.

2. Trauen Sie sich aber auch ruhig, Hortensien als Schnittblumen zu verwenden. Es gibt spezielle Schnittsorten, die in der Vase viele Tage halten. Es reicht oft schon eine einzelne Blüte, um in einer kleineren Vase mit etwas Begleitgrün ein Kleinod für den Kaffeetisch zu zaubern (Bild B und C).

3. Viele Ideen lassen sich auch mit einzelnen frischen Blüten umsetzen, die in Reagenzgläschen gesteckt oder zu Kränzchen gebunden (Bild A) auf ein Tellerchen mit Wasser gelegt werden.

Zauberhafte Minis

Ein besonderer Tipp für Tischdekorationen sind die neuen Mini-Hortensien, zum Beispiel die gerade auf den Markt gekommene Sorte 'Table Rose' (Bild D). Sie sehen genauso toll aus wie ihre »großen Geschwister«, nehmen aber auf dem Tisch nicht so viel Raum ein. So bleibt noch genug Platz für Teetasse oder Kuchenbuffet.

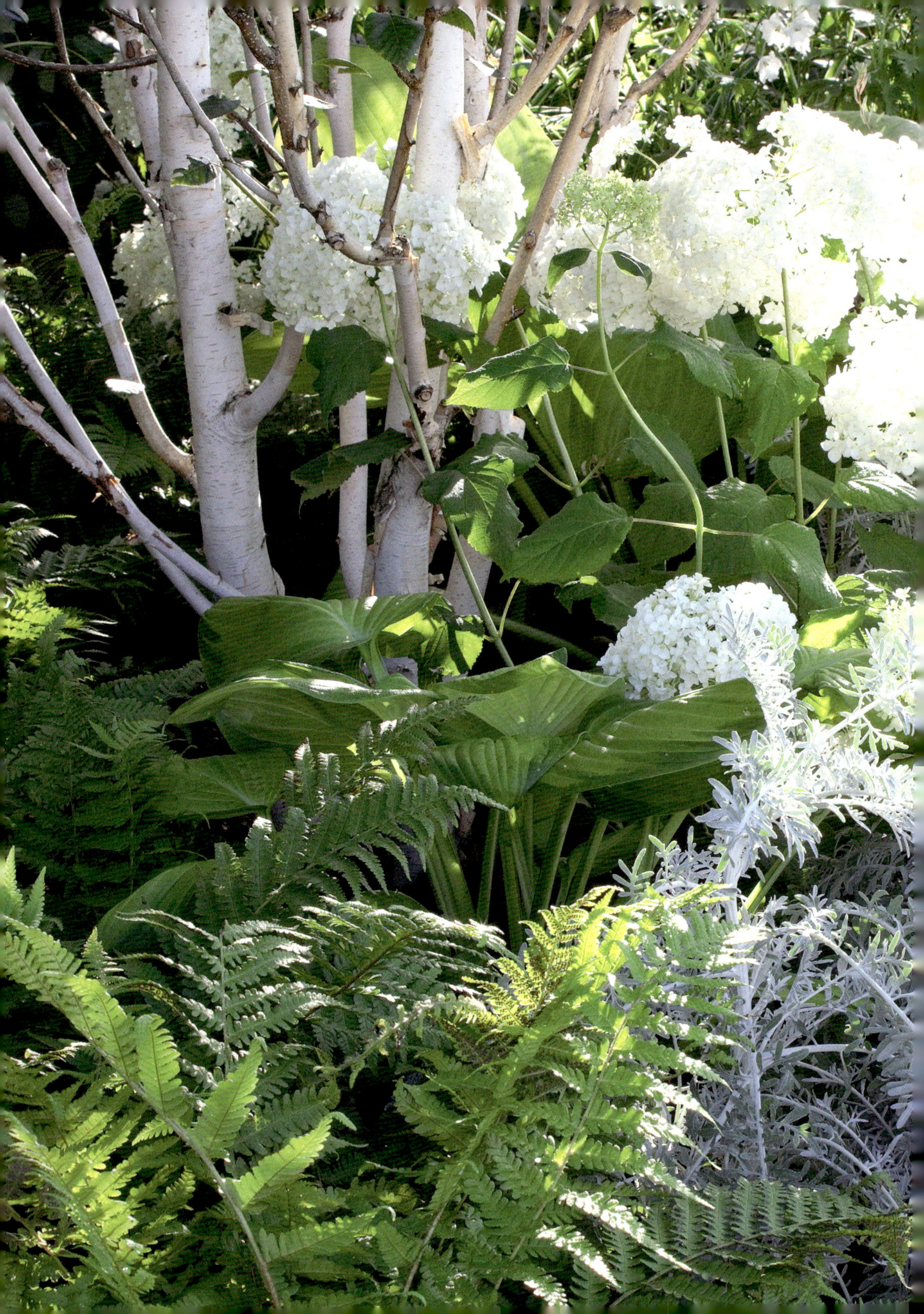

STILSICHER GESTALTEN MIT HORTENSIEN

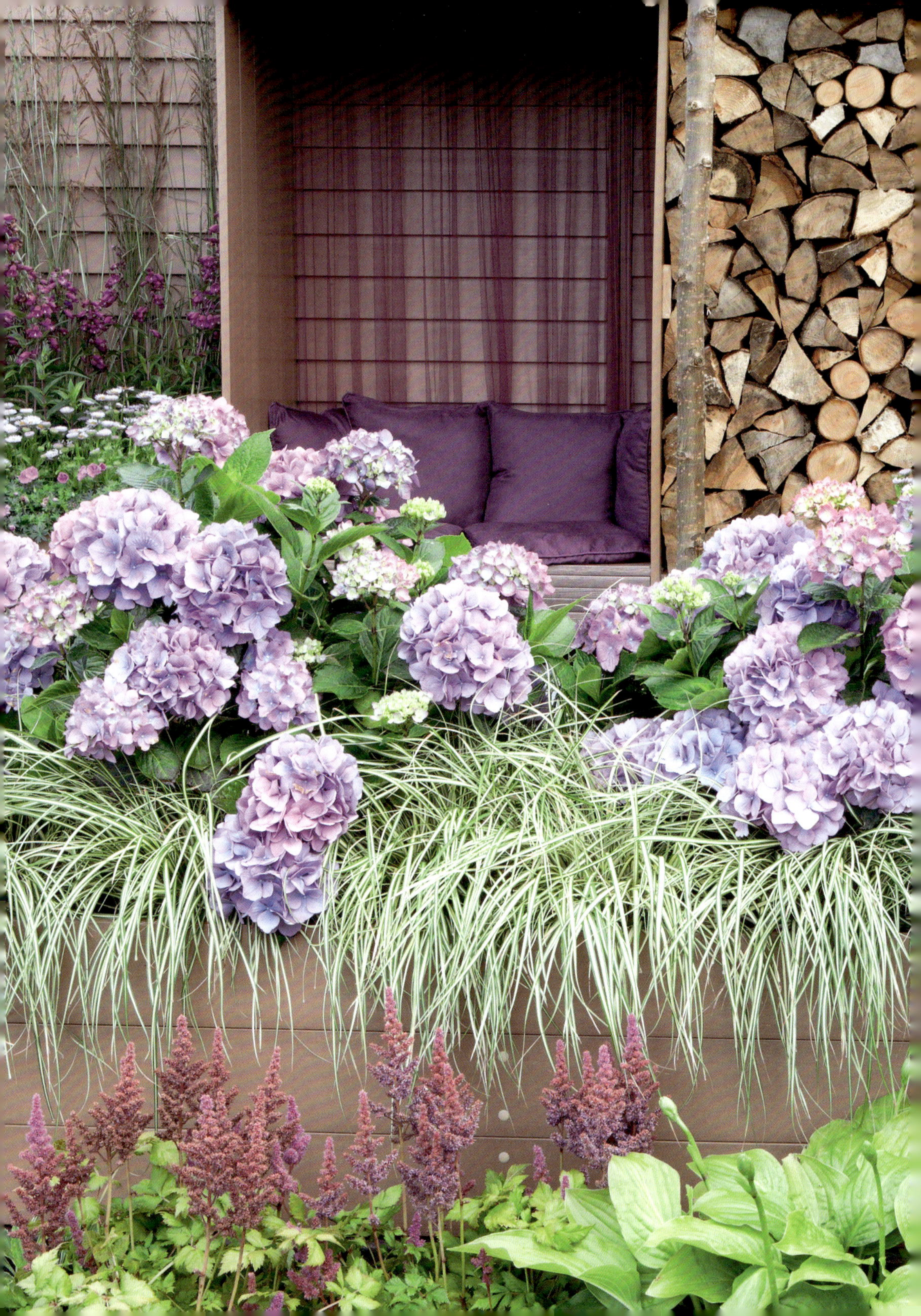

NEW GERMAN STYLE: MODERN UND NATÜRLICH

Momentan trifft ein noch recht neuer Pflanzstil weltweit auf breite Begeisterung, der natürlich wirkt, einfach umzusetzen ist und noch dazu nachhaltig pflegeleichte Gartenräume schafft.

»New German Style« wurde er von internationalen Fachgruppen genannt, denn er wurde in Deutschland entwickelt. Das Prinzip stammt ursprünglich aus der Staudenverwendung – Vorreiter in der Entwicklung waren die Staudengärtner Richard Hansen und Friedrich Stahl –, lässt sich aber wunderbar auf Pflanzungen mit Hortensien übertragen. Und dies in großen wie in kleinen Gartenbereichen, in Beeten ebenso wie in Kübelbepflanzungen.

Die zwei Grundgedanken des New German Style lauten, Pflanzen möglichst entsprechend ihrer natürlichen Standortansprüche einzusetzen und – ganz wichtig – in ihrem pflanzentypischen Rhythmus zu pflanzen. Soll heißen: Jede Art hat sich nun mal an Sonne oder Schatten, Trockenheit oder Feuchte, Nährstoffreichtum oder Magerboden angepasst und wächst nur dort optimal. Wer das nutzt und jeder Art ihre grundlegenden Wünsche erfüllt, braucht in der Folge weniger Dünger oder gar Pflanzenschutzmittel, weil die Pflanze sich robuster entwickeln kann. Ebenso steht in der Natur normalerweise nicht nur ein Pflanzenexemplar einsam auf weiter Flur, sondern sie wachsen in bestimmten Gruppenanordnungen. Und wirken derart arrangiert für unser Auge auch viel harmonischer.

Der New German Style ist aber nicht zu verwechseln mit einem dogmatischen Ansatz, der nur ursprünglich am Pflanzort heimische Arten zulässt. Ausdrücklich finden hier auch »nicht-heimische« Arten, wie zum Beispiel Palmen, amerikanische Präriestauden oder eben eine Asiatin wie die Hortensie, ihre Berechtigung. Sofern die Bedürfnisse der internationalen Gäste in unserem Klima und den gegebenen Standortbedingungen am Pflanzort zu befriedigen sind. Mit den vielseitigen Hortensien funktioniert das hervorragend, da ja Sorten für verschiedenste Gegebenheiten zur Auswahl stehen.

NEW GERMAN STYLE MIT HORTENSIEN

Um den New German Style mit Hortensien umzusetzen, fangen Sie mit Prinzip eins an, das da wie gesagt lautet: Geben Sie der Pflanze ihren möglichst natürlichen Standort. Bestimmen Sie also zunächst die Standort-Gegebenheiten bei sich zu Hause und wählen Sie eine dazu passende Hortensienart aus. Stellen Sie sich dazu folgende Fragen: Habe ich Schatten, Halbschatten oder volle Sonne am geplanten Standort? Gibt es viel Wind, extreme Winter oder im Sommer starke Hitze, etwa weil das Beet oder der Kübelstandort vor einer Mauer liegt, die sich aufheizt? Bepflanze ich ein Beet oder einen Kübel? Und wenn es ein Beet ist: Ist der Boden eher sandig-durchlässig oder aber lehmig-nass? Mithilfe unserer Sortentipps und der Sortentabelle im Anhang finden Sie nun mit Sicherheit die richtige Hortensienart für sich, die zu Ihrem Standort passt.

Bevor Sie einkaufen gehen, kommt noch Schritt zwei. Nun geht es darum, eine möglichst naturnahe Gesamtgestaltung zu planen. Darunter versteht der New German Style, dass Pflanzen eng zusammen- und sogar teilweise ineinanderwachsen dürfen. Zudem dass die Arten meist in größeren, unregelmäßig angelegten Gruppen stehen und sich auf der Fläche mehrfach wiederholen. Nicht zu diesem Pflanzstil gehören hingegen geometrische Muster, die klassischen Blumenrabatten mit einzeln gestellten Pflanzen oder streng geordnete Pflanzenbänder, etwa eine typische Randbepflanzung mit einjährigen Sommerblumen. Es werden zudem eher weniger verschiedene Arten genutzt, von jeder Art dafür aber größere Stückzahlen zusammengesetzt. Gerade bei den stiltypischen Stauden und Gräsern sind asymmetrisch geformte Pflanztuffs wirkungsvoller als einzeln gesetzte Exemplare.

Nehmen Sie zum Beispiel eine Hortensienart und drei bis vier Begleitarten. Achten Sie darauf, dass alle die gleichen Ansprüche an den Standort und den (hohen) Wasserverbrauch haben. Die größer werdenden

Alle Pflanzen in diesem Gefäß lieben den Schatten, die Höhen und Wuchsformen sind aufeinander abgestimmt.

> **Welche Pflanzen kombinieren?**
> Hier harmoniert 'Limelight' mit Gräsern, Eisenkraut *(Verbena bonariensis)* und Montbretien *(Crocosmia)*.

Hortensiensorten übernehmen dabei als auffällige Blühgehölze eher eine zentrale Rolle im Gesamtkonzept und werden am besten einzeln gepflanzt, wiederholen sich dafür aber je nach Größe der Pflanzung mehrfach. Am Beetrand oder im Hintergrund können Hortensien auch in Dreiergruppen sehr gut aussehen. Kleinere Hortensiensorten setzen Sie ebenfalls in Dreier- oder Vierergruppen mehr im Vordergrund des Beetes wirkungsvoll in Szene, sofern genug Pflanzplatz zur Verfügung steht.

Möchten Sie Ihren Hortensien die zentrale Rolle in der Gestaltung geben, sollten sie im Gesamtbild die höchste Pflanzenart sein oder zumindest die auffälligste. Gräser zum Beispiel oder zu einem anderen Zeitpunkt blühende Sträucher wie der Winter-Schneeball *(Viburnum bodnantense)* können im Hintergrund als Stütze die Hortensie überragen, ohne ihr die Wirkung zu nehmen. Wichtig ist aber, dass die Hortensie trotzdem genug Freiraum hat, sich zu entwickeln. Kleinere Hortensien gehören auf jeden Fall in den Beetvordergrund, damit sie nicht von den anderen Pflanzen verdeckt werden. Wobei ein gleich hohes, eher locker wachsendes Gras, durch das man hindurch auf strahlende Hortensienblüten schaut, durchaus ebenfalls eine reizvolle Pflanzkombination darstellt und den New German Style perfekt umsetzt.

Farblich und auf den halbschattigen Standort abgestimmt: Funkien *(Hosta)* und verschiedene Hortensien *(Hydrangea)*.

VORSICHT!

Im Hinblick auf das gewünschte dichte Pflanzbild des New German Style gibt es in Bezug auf Hortensien noch eine Einschränkung zu machen. Achten Sie bitte darauf, Ihren Hortensien stets den »Fußraum« etwas offen zu halten. Die Damen mögen nämlich keine Wurzelkonkurrenz. Entziehen ihnen andere Pflanzen zu viel Feuchtigkeit oder Nährstoffe, wachsen und blühen Hortensien nicht gut.

Eine farbliche Einschränkung macht der New German Style übrigens nicht. Ob das Ergebnis bunt sein soll wie eine Wildblumenwiese oder farblich sortiert, bleibt jedem selbst überlassen. Zurückhaltende Begleiter, wie Gräser, Farne oder Funkien, können großflächiger nah um die Hortensien herum arrangiert werden. Blühende Prachtstauden, etwa Schein-Sonnenhut *(Echinacea purpurea)* für sonnenreiche Beete oder Blutweiderich *(Lythrum salicaria)* für feucht-halbschattige Bereiche, sollten mit etwas Abstand zur Hortensie gepflanzt werden, dann wirken beide intensiver. Die Verbindung zwischen ihnen können flache Bodendecker wie das Immergrün schaffen oder Gräser, die dem Auge Ruhe bieten zwischen den Farbeindrücken. Dies entspricht auch dem gewünschten »natürlichen« Pflanzbild: Auf Brachflächen siedeln sich in der Regel erst einmal die schnell wachsenden, grasreichen Wildkraut-Mischwiesen an, bevor sich einzelne Büsche oder Bäume hinzugesellen.

Eine schöne Pflanzkombination im New German Style für ein größeres Sonnenbeet wäre beispielsweise die weiß blühende Rispenhortensie *Hydrangea paniculata* 'Phantom', dazu hoch wachsender rosafarbener Purpur-Sonnenhut *(Echinacea purpurea)*, die mittelhohe violette Prachtscharte *(Liatris spicata)*, Diamant-Reitgras *(Calamagrostis brachytricha)* als Begleiter und schließlich als Bodendecker das Kleine Immergrün *(Vinca minor)*.

In einem kleineren Beet im Schattenbereich wäre zum Beispiel ein Arrangement mit *Hydrangea macrophylla* 'Rosita' denkbar, kombiniert mit der zurückhaltend blühenden Funkie *(Hosta)* und dem grünen Echten

Wurmfarn *(Dryopteris filix-mas)*. Als verbindende Kleinstaude böte sich dann beispielsweise das filigran blühende Wald-Gedenkemein *(Omphalodes verna)* an.

Haben Sie sich ein Bild von der ungefähren Lage aller Pflanzen gemacht, können Sie auch die benötigte Anzahl kalkulieren – und nun endlich einkaufen gehen, anschließend die Gartenhandschuhe anziehen und loslegen.

UNSERE SORTENEMPFEHLUNGEN

'Snowflake' – Hängende Pyramidenblüten

Aus der Art der *H. quercifolia*, der Eichenblättrigen Hortensien, möchten wir die Sorte 'Snowflake' für den New German Style empfehlen. Sie wird über 2 Meter hoch und ist auch unter dem Namen 'Brido' bekannt. Die pyramidenförmigen Blütendolden sind rund 30 cm lang und – einmalig bei den *H. quercifolia* – blühen gefüllt und etwas hängend. Die Blätter bekommen im Herbst eine tiefrote Färbung. 'Snowflake' steht gerne sonniger und wächst dann schnell.

'Rosita' – Klein, aber robust

Wer etwas weniger Platz für sein Beet im New German Style hat oder einen Topfgarten bevorzugt, ist mit *H. macrophylla* 'Rosita' bestens beraten. Die rosafarbene Ballhortensie wird knapp 1,50 Meter hoch und

Winterschutz
'Snowflake' (oben) ist etwas frostempfindlich und daher dankbar für etwas Winterschutz (siehe Seite 89ff)

'Rosita' hat langlebige Blüten, die sich sehr gut zum Trocknen oder für die Vase eignen.

breit. Sie ist eine schon länger kultivierte Sorte und hat sich als robust und zuverlässig erwiesen. Sie steht gerne halbschattig und verträgt Frost bis etwa −15 °C.

'Leuchtfeuer' – Für ein Farbenfeuerwerk

Die *H. macrophylla* 'Leuchtfeuer' ist eine schon relativ alte, aber unschlagbar farbkräftige und widerstandsfähige Bauernhortensie und deshalb unbedingt empfehlenswert. Die Ballhortensie wächst bis auf etwa 2 Meter Höhe und Breite heran. Sie ist somit ideal für größere Beete und Hecken. Aber auch im Topf blüht sie unermüdlich und bleibt dann entsprechend kleiner. Sie favorisiert den Halbschatten, kann sich aber an sonnigere Plätze gewöhnen. Je nach Zahl der Sonnenstunden variiert ihre Farbe zwischen dunkelpink und rot. Durch Zugabe von etwas Hortensienblau kann man sie in ein Exemplar mit kräftig violetten Blüten verwandeln. Frost bis etwa −20 °C ist für gut eingewachsene Pflanzen im Beet kein Problem.

'Phantom' – Die Imposante

Für sonnige Beete mit etwas Platz ist *H. paniculata* 'Phantom' zu empfehlen. Ihre Stiele sind kräftig genug, um die bis zu imposanten

Blickfang garantiert
'Leuchtfeuer'-Blüten machen ihrem Namen alle Ehre. Die Blütenbälle strahlen in einem kräftigen Fuchsiaton.

'Phantom' lässt sich aufgrund ihrer Größe sehr gut mit hohen Gräsern kombinieren.

30 cm langen Blütenstände aufrecht zu halten – nur in windigen, feuchten Gegenden ist eventuell eine Stütze nötig. Ihre Blüten sind cremegelb bis weiß und bekommen später eine wunderbare rosafarbene Herbsttönung. Die 'Phantom' wird bis zu 1,90 Meter hoch und breit und kann sich daher in Mischpflanzungen gut behaupten. Aber auch als Solitär im Vorgarten über einem Bodendecker oder in einem großen Kübel lässt sie sich gut in Szene setzen. Da sie als *H. paniculata* im Frühjahr bei Bedarf heruntergeschnitten werden kann und komplett neu austreibt, ist sie auch in Regionen mit langem oder sehr kaltem Winter gut geeignet. Angaben über eine Winterhärte von bis zu −25 °C sind zu finden.

'Pink Annabelle' – Für jeden Standort

Schließlich soll für den New German Style auch unbedingt die Art *H. arborescens*, die Waldhortensie, empfohlen werden, denn auch sie ist sehr wuchskräftig und hat große Blüten. Neben der bekannten weißblühenden Schwester 'Annabelle' gibt es auch die 'Pink Annabelle', auch 'Invincibelle' genannt. Sie zeigt ein apartes Rosa und bildet große Blütenbälle, die bis zu 20 cm Durchmesser bekommen können. Allerdings kippt sie gerne einmal um, wenn zum Beispiel viel Regen die großen Blütenbälle beschwert. Immerhin wird sie auch um die 2 Meter hoch. Von daher ist ein etwas geschützterer Standort, eine Stütze oder ein lockeres Anbinden sinnvoll. Andererseits ist sie sehr anspruchslos und verträgt sowohl schattige wie halbschattige und sonnige Standorte. Sie kann (bzw. sollte) im Frühjahr heruntergeschnitten werden, blüht am neuen Holz und ist daher für kältere Regionen gut geeignet. Ihre Winterhärte liegt bei ca. −25 °C.

In den duftigen Blütenbällen der 'Pink Annabelle' drängen sich die Einzelblüten dicht an dicht.

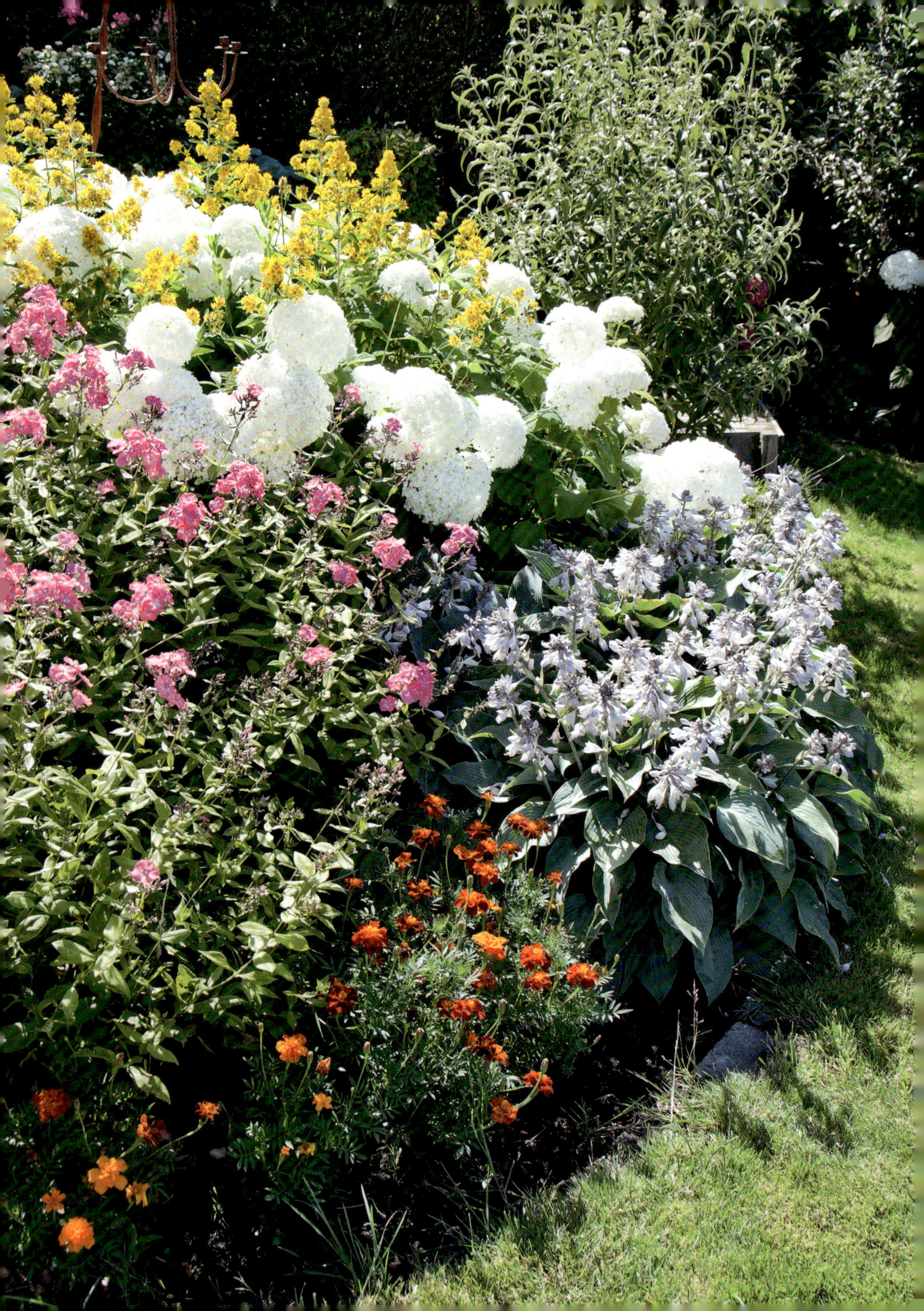

SO BUNT WIE DAS LEBEN: WILDE MODERNE

Warum soll eigentlich im Leben immer alles genau zueinander passen? Die Farben – bloß nicht zu bunt. Die Deko – nicht zu viel. Die Pflanzen – was der Nachbar hat, muss wohl gut sein. Quatsch mit Soße!

So vielfältig wie Ihr Leben kann auch Ihr Garten oder Ihr Balkon sein. Das einzige »Muss« daran lautet: Machen Sie Ihr Refugium zu IHREM Refugium. Kaufen Sie dafür ruhig jenen Pflanzkübel mit dem Zebramuster für ihre Hortensie, die goldglänzende Blumenvase oder die ausgeflippten Plastikflamingos für den Blumentopf. All das liegt gerade voll im Trend. Und diese Dinge werden sich bestens vertragen mit den kunterbunten Hortensiensorten, die wir Ihnen in diesem Kapitel empfehlen möchten. Deko-Spezialisten nennen diesen aktuellen Stiltrend »Rebel« oder auch »Energise« und »New Wonderland«. Weil er gegen zementierte Regeln rebelliert – alles ist erlaubt. Weil er uns neue Energie verleiht. Und weil unser Zuhause einfach unser persönliches Wunderland sein darf. Außerdem müssen Sie Ihre Hortensien ja nicht für die Ewigkeit so präsentieren. Wenn Ihnen etwas nicht mehr gefällt, dekorieren Sie eben um. Besonders im Topfgarten ist das grandios möglich. Ein paar neue bunte Accessoires, andere Töpfe und schon sieht Ihre Terrasse wieder ganz anders aus.

DIE UMSETZUNG: NUR MUT

Ein bisschen Mut – das ist das Einzige, was Sie für diesen Stiltrend brauchen. Neben Ihren Lieblingspflanzen und der zugehörigen Deko, natürlich. Wenn Sie dennoch befürchten, Ihr Arrangement wird womöglich doch ein zu großes Durcheinander, dann suchen Sie sich einfach ein Oberthema aus und hangeln sich daran entlang. Mögen Sie es für den Sommer zum Beispiel exotisch? Dann kombinieren Sie Ihre Hortensien doch mal mit einer Palme, mit einer selbst gezogenen Ananas oder Kakteen. Diese Begleiter mögen es warm, das ist daher besonders auf Terrassen und Balkonen gut machbar, wo Steinwände die Wärme lange halten. Achten Sie dann aber darauf, dass Ihre Hortensie genug Wasser bekommt und nehmen Sie Sorten, die mehr Sonne vertragen. Dazu arrangieren Sie

> **Kunterbunte Formen und Farben**
>
> Die lila Hortensie passt super zu den verschiedenen kunterbunten Stauden und dem originellen Briefkasten.

knallige Tierfell- oder Obstprints auf Kübeln, Kissen und Geschirr. Papageien, Jaguar-Tupfen, Orangen …

Kunterbunt-ländlich lässt sich der Stil ebenfalls interpretieren: Mit einer Lampion-Girlande über der Sitzgruppe, mit Bauernhoftieren in knalligen Farben statt Ton-Amphoren zwischen den Hortensien, oder rosa Gummistiefeln. Und in den Beeten oder Pflanzkübeln finden Hortensien, Naschtomaten und Grillkräuter auch gemeinsam Platz.

ZEITREISEN

Ein großes Thema in Haus und Garten sind derzeit zudem Anregungen aus anderen Zeiten. Auch hier dürfen Sie sich heraussuchen und neu kombinieren, was Sie mögen. Sie müssen nicht »epochentreu« sein. Sie lieben das Opulent-Glamouröse des französischen Hofes aus dem 17. Jahrhundert? Pflanztöpfe in metallischen Farben mit glitzernden Steinapplikationen, verschnörkelte Tischchen und dunkle Samtstoffe sind dann womöglich das richtige Beiwerk für Sie. Dazu Ballhortensien, gepflanzt in einer großen Schale in Steinoptik, unterfüttert mit Moos und glitzernden Facettenkugeln. Oder stellen Sie eine einzelne Hortensie auf einen 50er-Jahre-Ovaltisch, in einem Topf mit gewagtem Motiv – herrlich. Toll passen Hortensien auch in Gefäße mit grafischen 80er-Jahre-Mustern.

SO BUNT WIE DAS LEBEN: WILDE MODERNE

REGELN FÜR WILD UND BUNT

Bei diesem Gartenstil gibt es nur zwei Regeln: Erstens, beachten Sie die Ansprüche der Pflanzen, damit diese überleben. Also den Wüsten-Kaktus in den einen Topf, die wasserliebende Hortensie daneben in einen anderen. Und zweitens: Haben Sie Spaß! Toben Sie sich aus!

MEHRERE BLÜTENFARBEN IN EINEM TOPF

Mittlerweile gibt es Hortensien auf dem Markt, bei denen unterschiedliche Blütenfarben in einem Topf zu finden sind. Zum Beispiel **'Hortensia Trio'**. Als diese Hortensie 2015 auf dem Markt erschien, traute mancher der Geschichte zunächst nicht recht. Drei unterschiedliche Blütenfarben – Weiß, Blau und Rosa; oder auch Lila, Blau und Rosa – dauerhaft in einem Pflanztopf, das hielt mancher Kenner für unmöglich. Weil Hortensien je nach pH-Wert des Bodens ihre Farbe zwischen Rosa und Blau verändern. Inzwischen aber haben »die Trios« bewiesen, dass sie tatsächlich auch in den folgenden Jahren ihre Dreifarbigkeit behalten, im Kübel wie im Beet. Es muss lediglich einmal im Frühjahr, wie bei allen blauen Hortensien, Aluminiumsulfat gegeben werden. 'Hortensia Trio' ist als Zimmerpflanze, für den Topf und

Schon in sich bunt: 'Hortensia Trio', vereint drei Blütenfarben in einem Topf.

Knallbunte Gefäße

Kombinieren Sie bunt lackierte Gefäße mit den sanften Hortensienfarben. Erlaubt ist schließlich alles, was Ihnen gefällt.

das Beet geeignet und wirkt als Solitärpflanze ebenso wie in kunterbunten Kombinationen. Sie ist frostbeständig bis −15 °C und wird bis etwa 1,50 Meter groß.

Ein bunter Sonderfall sind auch die **'Three Sisters'**. Diese Neuheit aus dem Jahr 2016 ist streng genommen keine Sorte, gehört aber dennoch unbedingt hierher. Denn die »Drei Schwestern« sind so bunt wie ein ganzer Blumenstrauß. Bei ihnen sind drei Sorten nach Farbnuancen sortiert in einem Topf zusammengepflanzt. Das heißt: In der Mischung »Pink« stehen drei Rosatöne zusammen. In der Mischung »Blue« drei verschiedene Blautöne. Außerdem gibt es die Mischungen »Pastell« und »Violett«. Die 'Three Sisters' eignen sich mit einer Endhöhe und -breite von etwa 1,50 Meter besonders gut für den Topfgarten, aber auch für kleinere Gartenbereiche oder den Vordergrund von Pflanzungen. Sie gehören alle zur Art *H. macrophylla*

und möchten daher einen halbschattigen, nicht zu warmen Standort. Frost bis etwa −15 °C überstehen sie problemlos.

UNSERE (EINFARBIGEN) SORTENEMPFEHLUNGEN

'Curly Sparkle' – Gewellt wie ein Pettycoat

Fröhlich und verspielt kommt die Ballhortensie *H. macrophylla* 'Curly Sparkle' daher, denn ihre Blütenblätter sind am Rand gewellt wie ein Pettycoat. Da kann die Party wohl beginnen. Es gibt die noch junge Züchtung momentan in zwei Farben, als 'Blue Purple' in Dunkelviolett und als ebenso farbstarke 'Hot Pink'. Sie wird maximal 1,50 Meter hoch und breit und steht damit sowohl im Topf als auch im kleineren Beet gut platziert, wie alle *H. macrophylla* gerne halbschattig und in nicht zu großer Wärme. Über die Winterhärte ist noch nichts Genaues dokumentiert worden, Temperaturen bis −15 °C dürften aber bei dieser Art kein Problem sein.

Saxon® 'Schloss Wackerbarth' – Farbenspiel in jeder Blüte

Die 'Schloss Wackerbarth' ist eine sehr empfehlenswerte mehrfarbige Ballhortensie. Die Blüten behalten lange einen grünlichen Rand, während sie sich von Rot über Violett verfärben und in der Mitte dabei noch ein tiefblaues Auge besitzen. Durch Gaben von Aluminiumsulfat lässt sich der Vielfarbeffekt noch verstärken. 'Schloss Wackerbarth' wird

Die aufgerüschten Blüten von 'Curly Sparkle' passen gut zur frechen, wilden Moderne.

SO BUNT WIE DAS LEBEN: WILDE MODERNE

etwa 1 Meter hoch und breit und eignet sich daher sehr gut für Töpfe und den Beetvordergrund. Die Stiele sind stabil und halten die Blüten sicher aufrecht. Sie ist eine bis etwa −15 °C winterharte *H. macrophylla* und mag einen halbschattigen Standort. Sie kommt aber bei ausreichender Wasserversorgung auch gut mit mehr Sonne zurecht.

'Kanmara' – Riesige Blütenbälle

Riesige Blütenbälle und ungewöhnliche Farben machen die Hortensien der 'Kanmara'-Serie zu echten Spaßfaktoren. Erst seit dem Jahr 2016 sind sie auf dem Markt und tragen (bisher) keine klassischen Sortennamen, sondern werden nach ihren Farben unterschieden. So gibt es »In Rosé« (weiß mit rosa Rand), »In Pink« (mit weiß-rosa Farbverlauf), »In Champagner« (beige mit rosa Rand), »In Flieder«, »In Rosa« und »In Weiß«. Am besten kommt die 'Kanmara' als Kübelpflanze zur Geltung. Sie freut sich wegen ihrer großen Blüten dann über ein windgeschütztes Plätzchen. Doch auch im Beet stehen die Blüten stabil auf ihren tragfähigen Stielen. Ein halbschattiger Standort ist für diese *H. macrophylla* definitiv zu empfehlen, weil die großen Blüten sowieso schon reichlich Wasser brauchen. Die 'Kanmara' ist winterhart. Ihre großen Knospen sind jedoch anfällig für Spätfröste, daher sollte sie frostfrei überwintert werden, beziehungsweise im Beet einen Winterschutz erhalten.

'Kanmara' macht durch die sanften Pastell-Farben ihrer großen Blüten immer einen edlen Eindruck.

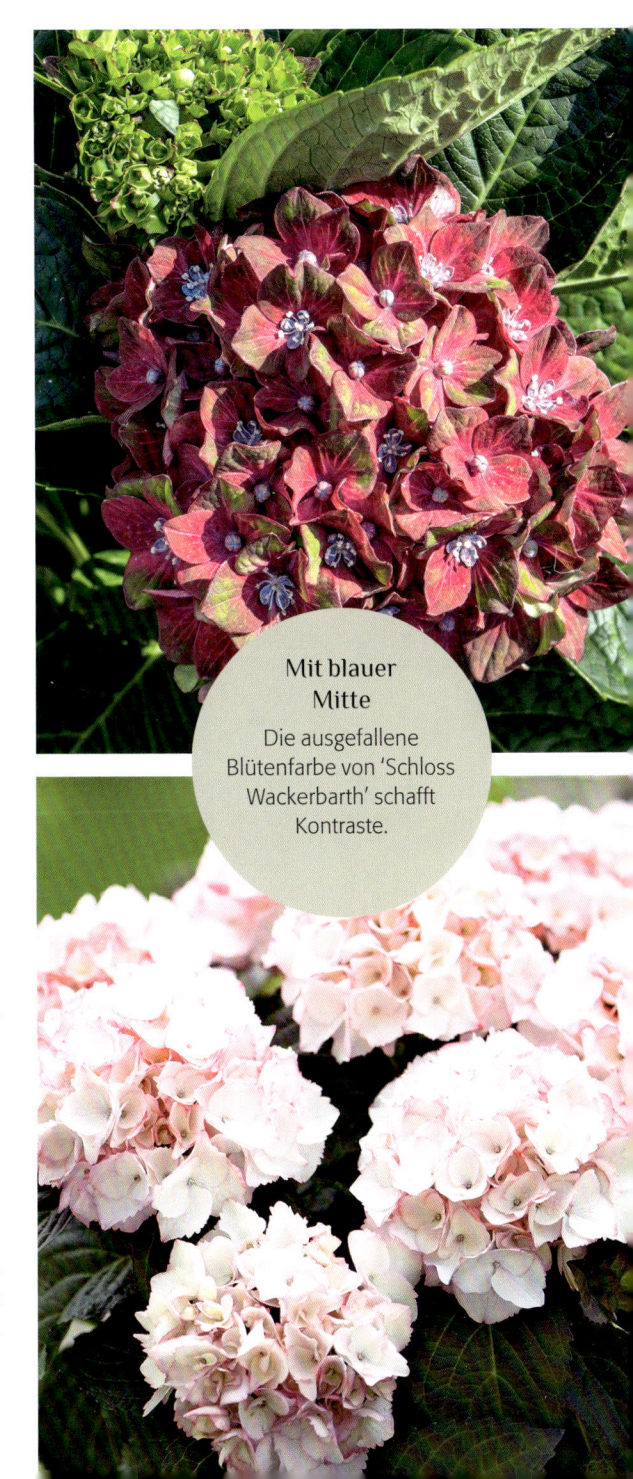

Mit blauer Mitte
Die ausgefallene Blütenfarbe von 'Schloss Wackerbarth' schafft Kontraste.

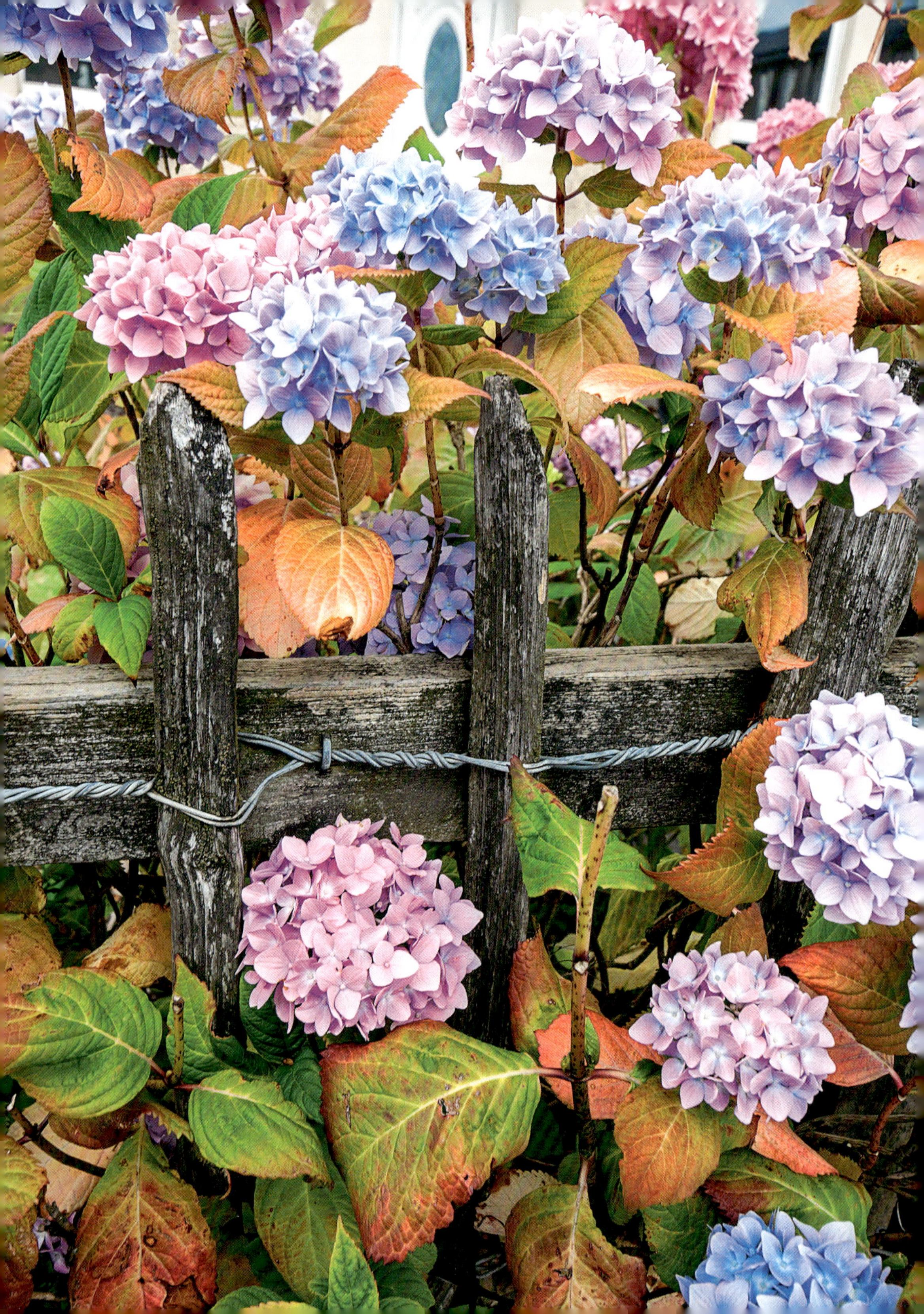

EIN NATURGARTEN MIT HORTENSIEN

Ein Naturgarten – es gibt verschiedenste Vorstellungen, was genau das ist. Wir möchten hier über einen Gartenstil sprechen, der möglichst vielen Tieren und Pflanzen eine Heimat sein kann, aber trotzdem gestaltet und genutzt wird.

Ein Naturgarten in diesem Sinne ist nicht einfach sich selbst überlassen, sondern in ihm darf der Mensch verändern – und einfach: leben. Er darf auf befestigten Flächen Grillfeste feiern oder zum Fußball spielen mit den Kindern den Rasen mähen, Gemüsebeete einzäunen und darin Wildkräuter entfernen. Und er darf auch nichtheimische Pflanzen ansiedeln, wozu die Hortensie gehört. Sie kommt, wie schon mal gesagt, aus dem asiatischen und amerikanischen Raum, und es gibt entsprechend wenige Sorten, die von unserer heimischen Tierwelt wirklich genutzt werden. Aber es gibt solche Sorten, und so lässt auch die Hortensie sich sehr gut in einen Garten integrieren, der naturnah und wertvoll ist. Eines allerdings wollen wir zum Thema Naturgarten direkt ganz ehrlich sagen: Es wird kein einfaches Unterfangen. Einen solchen Naturgarten anzulegen und zu pflegen ist ein gutes Stück Arbeit. Weil es eben nicht darum geht, einfach alles wild wachsen zu lassen, wodurch meist einige wenige heimische Wildkräuter die Führung übernehmen und alle anderen Arten verdrängen. Andersherum geht es auch nicht darum, alle Beete möglichst »aufzuräumen« und in praktische Formate zu zwängen, wodurch vieles durchaus pflegeleichter würde. Es geht darum, Vielfalt zu schaffen, die sowohl dem Gartenbesitzer gefällt, als auch Tieren Wohnraum und Nahrung bietet. Wie gesagt, kein einfaches Ansinnen. Aber eines, das sich lohnt.

GELUNGENE INTEGRATION VON HORTENSIEN

Es gibt zwei grundsätzliche Möglichkeiten, die Natur in den (Topf-)Garten zu holen – und das gelingt übrigens auf dem Land ebenso wie in der Stadt: Entweder der gesamte zur Verfügung gestellte Raum wird zum Naturgarten erklärt oder er wird aufgeteilt in »wilde« Naturbereiche und »gezähmte« klassische Pflanzungen. Wer Hortensien in den Natur-

Pflanzen Sie im Topf-Naturgarten für Insekten attraktive Begleiter zu Hortensien.

NÜTZLINGE IM NATURGARTEN

Wenn es sich jetzt anhört, als sei der Naturgarten für Hortensien eher problematisch, dann möchten wir dem mit diesem Gedanken begegnen: In einem Naturgarten fühlen sich auch jene Nützlinge wohl, die die Schädlinge der Hortensien fressen. Fördern Sie in Ihrem Garten Tiere, wie Marienkäfer, Florfliegen, Schwebfliegen, Igel und Vögel, dann werden Blattläuse, Wollläuse und Thripse in Schach gehalten. Ihre Hortensien werden es Ihnen danken.

garten integrieren möchte, sollte die zweite Variante wählen.

Unter »Naturgarten« verstehen wir an dieser Stelle das Einbinden von heimischen Wildpflanzen, die Tieren Lebensraum und Nahrung bieten. Da spendet ein Holunderstrauch Nektar und Beeren, Disteln und Kamille sind Futterpflanzen für Schmetterlingsraupen, Fluginsekten und Vögel, um nur einige Beispiele zu nennen. Wildpflanzen sind aber meist sehr wüchsig und über Samen vermehrungsfreudig, und man muss aufpassen, dass sie die Hortensien im Beet oder im Kübel nicht erdrücken. Wiesen-Sauerampfer und Johanniskraut werden höher als so manche Bauernhortensie. Brennnesseln und Gräser zwängen sich bis in die Büsche hinein und sind dann zwischen den Trieben kaum wieder zu entfernen. Hortensien aber mögen einen »freien Fußraum«, zu viel Enge über wie unter der Erde bekommt ihnen nicht.

Im Topfgarten gibt es eine einfache Lösung: Man pflanzt die Hortensie in den einen Kübel und die Wiesenblumen oder Nektarstauden in einen anderen. Im Beet ist es sehr hilfreich, um die Hortensie einen Bodendecker als »Schutzpflanzung« zu setzen, der sich ausbreitende Wildkräuter an dieser Stelle unterdrückt. Der Bodendecker sollte natürlich selbst auch nicht in die Hortensie hineinwachsen beziehungsweise gut im Zaum gehalten werden können. Schnittverträgliches Immergrün *(Vinca)* oder langsam wachsende Kriechspindel *(Euonymus)* sind daher zum Beispiel eine gute Wahl. Sie können auch eine Wurzelsperre nutzen, wie man sie von Bambuspflanzungen her kennt, um Ausläufer bildende Wildstauden und empfindlichere Kulturpflanzen im Wurzelbereich voneinander fernzuhalten. Generell sollten im Naturgarten für die Kombination mit Wildpflanzen eher robuste und groß werdende Hortensiensorten gewählt werden, die sich am ehesten behaupten können.

HORTENSIEN UND DIE TIERWELT

Die Hortensie kam erst um 1790 als Kulturpflanze nach Europa und ist entsprechend kein Gewächs, an das die hiesige Tierwelt angepasst ist. Alle Teile der Hortensie enthalten geringe Mengen giftiger Blausäure, daher wird sie von den Wildtieren hier zumeist nicht gefressen. Doch keine Angst, die Mengen sind so gering, dass weder Tiere noch Kinder davon Schaden nehmen, sollten sie einmal ein Blatt probieren. Und in der naturnahen Gartengestaltung kann der Blausäureanteil sogar ein Vorteil sein. Wer Kaninchen oder Rehe zu seinen Gartengästen zählt und dennoch etwas Blühendes für den Sommer übrig behalten möchte, ist mit Hortensien gut beraten. Die Tiere (ebenso Haustiere oder Kinder) merken schnell, dass ihnen die Pflanze nicht

»**Die wilde Annabelle**«

'Annabelle' ist unempfindlich, bildet aber keinen Nektar. Dafür bietet dieser Naturgarten Obdach im Insektenhotel.

schmeckt. Wer auf Nummer sicher gehen will, kann den Wildtieren in einem Gartenteil zudem wohlschmeckendere Alternativen anbieten, die sie ruhig abmümmeln dürfen. Naturfreunde teilen schließlich gerne.

Insektenfreundliche Hortensien

Trotz Blausäure wird auch derjenige bei den Hortensien fündig, der Bienen, Hummeln und Schmetterlingen etwas Gutes tun möchte. Entscheiden Sie sich dann für die Tellerformen der Art *Hydrangea macrophylla* oder für *Hydrangea paniculata* mit lockeren Blütenständen. Nicht umsonst gibt es unter den *H. paniculata* eine Sorte namens 'Butterfly'. Bei Teller-*Macrophylla* und Rispenhortensien gibt es für hiesige Insekten Pollen oder Nektar zu holen, während das bei anderen Arten und Sorten nicht der Fall ist. Das liegt

---

HORTENSIEN MAL FLÄCHENDECKEND

Die Kletterhortensie lässt sich nicht nur in der Senkrechten verwenden, sondern auch als eine Art Bodendecker. Ohne Kletter-Möglichkeit legen sich die langen Triebe auf den Boden. Die Kletterhortensie wird dann rund 1 Meter hoch und 2 bis 3 Meter breit. Das dichte Geflecht bildet eine wunderbare Versteckmöglichkeit für Insekten, Vögel und bodenlebende Kleintiere.

---

daran, dass bei Hortensien sozusagen die Blüten nicht die Blüten sind. Das, was wir als Blüten ansehen, sind genau genommen nur Lockmittel, Scheinblüten. Die eigentlichen fruchtbaren Blüten der Hortensien, mit Pollen und Nektar, sind jene kleinen, unscheinbaren »Knubbel« unter den großen bunten Lockblüten. Nur bei *H. macrophylla* und *H. paniculata* liegen diese sogenannten fertilen Blüten so, dass Insekten sie erreichen können. Einige Hortensiensorten haben auch gar keine fertilen Blüten mehr.

Kletterhortensie

Hortensien können aber nicht nur Futterpflanzen, sondern auch wertvoller Lebensraum für Tiere im Garten sein. Oder beides, wie im Fall der Kletterhortensie *(Hydrangea anomala* ssp. *petiolaris)*. Sie bildet Haftwurzeln und hangelt sich damit eigenständig mehrere Meter an Haus- und Schuppenwänden oder Spalieren in die Höhe. Hier

Der insektenfreundliche Hohe Alant *(Inula magnifica)* ist eine tolle, wenn auch anstrengende Gesellschaft für 'Annabelle'.

finden Vögel und Insekten Versteck- und Nistmöglichkeiten. Zudem trägt auch die Kletterhortensie Tellerblüten und kann daher Bienen und Schmetterlingen Nahrung bieten. Insbesondere an nordseitig gelegenen Wänden, an denen andere Kletterpflanzen aufgrund von Sonnenmangel nicht gut wachsen, ist die Kletterhortensie eine wertvolle Bereicherung.

UNSERE SORTENEMPFEHLUNGEN

'Blaumeise' – Das robuste Multitalent

Diese Tellerhortensie ist ein echtes Multitalent und blüht in manchen Gärten schon 20 Jahre und mehr jedes Jahr üppig. Schon 1979 wurde sie auf den Markt gebracht und kein Fachmann möchte auf sie verzichten. Sogar an volle Sonne kann sie sich gewöhnen, wenngleich sie als *H. macrophylla* eigentlich im Halbschatten zu Hause ist. Je nach Beschaffenheit des Bodens changiert ihre Farbe zwischen Hellrosa über Lila bis zu einem grandiosen Dunkelblau, das ihr auch ihren Namen gab. Manchmal findet man gleich alle Farbschattierungen am gleichen Strauch. 'Blaumeise' wird rund 2 Meter hoch und breit und eignet sich besonders für größere Beete und Blütenhecken. Sie ist sehr gut frosthart bis etwa −20 °C und ihre Knospen sind auch späten Frühlingsfrösten gegenüber noch robust. In manchen Ländern heißt die 'Blaumeise' übrigens 'Blue Sky'.

Stellen Sie die 'Blaumeise' ruhig an einen prominenten Ort: Sie wird garantiert für Eindruck sorgen.

Lichtblick im Schatten
Die weißen Blüten der Kletterhortensie hellen dunkle Eingänge oder Wände im Schatten charmant auf.

'Levana' – Eine gute Futterquelle

Unter den *H. paniculata* hat die Sorte 'Levana' momentan die längsten Blütenrispen. Bis zu 50 cm werden die weißen Blüten lang. 'Levana' wächst auf bis zu 1,80 Meter hohen, standfesten Stielen gut aufrecht und ist somit ideal auch für die Kombination mit Begleitern. Bienen und Schmetterlinge können sie sehr gut als Futterquelle nutzen, da ihre Scheinblüten locker stehen und die echten Blüten nicht verdecken.

'Kardinal' – Stabil in Beet und Kübel

Wer eine kräftig rote oder – je nach Bodenbeschaffenheit – auch violette Hortensie für Balkon oder Beet sucht, sollte über eine 'Kardinal' nachdenken. Die Tellerhortensie wird gut 1,50 Meter hoch und breit und hat sich seit ihrer Markteinführung 1987 ausgiebig bewährt. Sie bildet stabile Triebe, ist winterhart bis mindestens −15 °C und lässt sich auch auf die Kübelhaltung gut ein.

'Annabelle' – Die Wilde

Aufgrund ihres etwas »wilden« Aussehens passt die wohl bekannteste *H. arborescens*, die Sorte 'Annabelle', gut in den Naturgarten. Ihre schneeweißen Blütenbälle sind ein wirklicher Blickfang. Zudem verträgt sie auch einen etwas dichteren Unterbewuchs und blüht sicher am neuen Austrieb. Aller-

Je nach Bodentyp kann 'Kardinal' so dunkelrot werden wie der Mantel des namensgebenden, kirchlichen Würdenträgers.

Vielseitiger Nützling
Probieren Sie 'Levana' im Naturgarten auch als imposante Heckenpflanze.

dings besitzt sie keine echten Blüten und somit keinen Nektar. Auch sind die bis 2 Meter hohen Stiele nicht sehr standfest, sodass eine Stütze ratsam ist, soll sie aufrecht stehen bleiben. Ältere Stiele werden etwas stabiler, daher ist es sinnvoll, sie im Frühjahr nicht zu sehr herunterzuschneiden.

'Burgundy' – Tiefrote Herbstfärbung

In wintermilden Regionen lässt sich mit der *H. quercifolia* 'Burgundy' eine Hortensie mit ungewöhnlichem Laub in den Garten holen. Für den Topf ist sie leider nicht geeignet. Und im Beet ist ein Winterschutz sinnvoll (siehe Seite 89ff), denn Eichenblatthortensien sind recht kälteempfindlich. Dafür belohnt die rund 2 Meter hoch werdende, sich aber wenig verzweigende 'Burgundy' ihre Besitzer mit einer tiefroten Herbstfärbung der Blätter. Die Blüten wandeln sich mit zunehmendem Alter von Weiß zu Pink. Sie wirkt mit ihrem lockeren Aufbau, den Rispenblüten und den gebuchteten Blättern eher wie eine Wildpflanze, nicht wie eine gezüchtete Gartenform und passt daher sehr gut in einen naturnah gestalteten Garten. Probieren Sie doch mal eine Kombination von 'Burgundy' mit gelb- und/oder herbstblühenden Stauden im Vordergrund, das ergibt warme Farbstimmungen, die durch Abend- und Herbstsonne noch verstärkt werden.

'Burgundy' bringt mit Blüte und Herbstfärbung lange Zeit Farbe in den Garten.

Lockerer Wuchs
'Annabelle' stützt sich gerne an Zäunen oder anderen Pflanzen ab, das passt gut im Naturgarten.

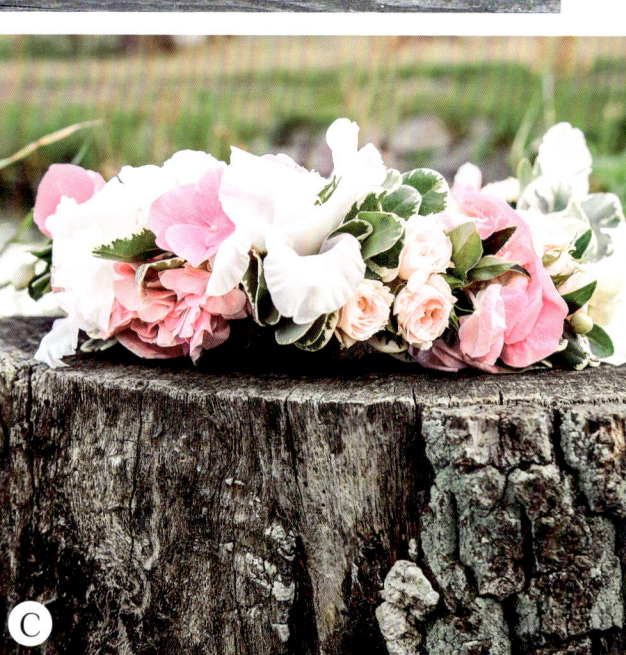

Sommerliches Flair für einen Tag verströmt ein zarter Kranz aus den frischen Blüten von Hortensien, Strauchrosen, Gladiolen und Buchszweigen in Rosa und Weiß (Bild C).

DEKOANLEITUNG: KRÄNZE AUS HORTENSIEN

Hortensienblüten, frisch oder getrocknet, sind ein vielseitiges Material für selbst gemachte Kränze. Und mit fertigen Basiskränzen aus Draht oder Stroh ist das Winden ein Kinderspiel. Hortensienblüten mit festem Stiel können aber auch ohne Unterkranz gebunden werden.

So geht's:

1. Für einen klassischen Kranz drahtet man Blüten oder Blätter in kleinen Sträußchen an einen Basiskranz (Bild D). Dafür ein Sträußchen auf den Kranz legen und den Draht fest um Kranz und Blütenstiele wickeln. Nun über die festgebundenen Stiele die nächsten Blüten anlegen und den Draht über deren Stiele weiterwickeln. Je nachdem, ob der Kranz liegen oder frei hängen soll, wird ganz herum oder nur oberseitig gearbeitet.

2. Ein Kranz aus getrockneten Hortensienblüten (Bild A) hält viele Monate lang. Dafür verwendet man die »vergrünten« Blüten. Man kann sie schneiden, direkt binden und am Kranz trocknen lassen, oder sie an einem dunklen Ort kopfüber aufhängen und dann trocken verarbeiten.

3. Einzeln verwendete Hortensienblüten statt ganzer Rispen wirken noch filigraner (Bild B). Wenn nötig, kann man zum Befestigen etwas Klebstoff verwenden.

Das braucht man dafür:

- Hortensienblüten und Beiwerk
- Evtl. Kranzbasis z.B. aus Stroh
- Bindedraht
- Drahtschere
- Evtl. Gartenschere, um die Blütenstiele passend zu schneiden

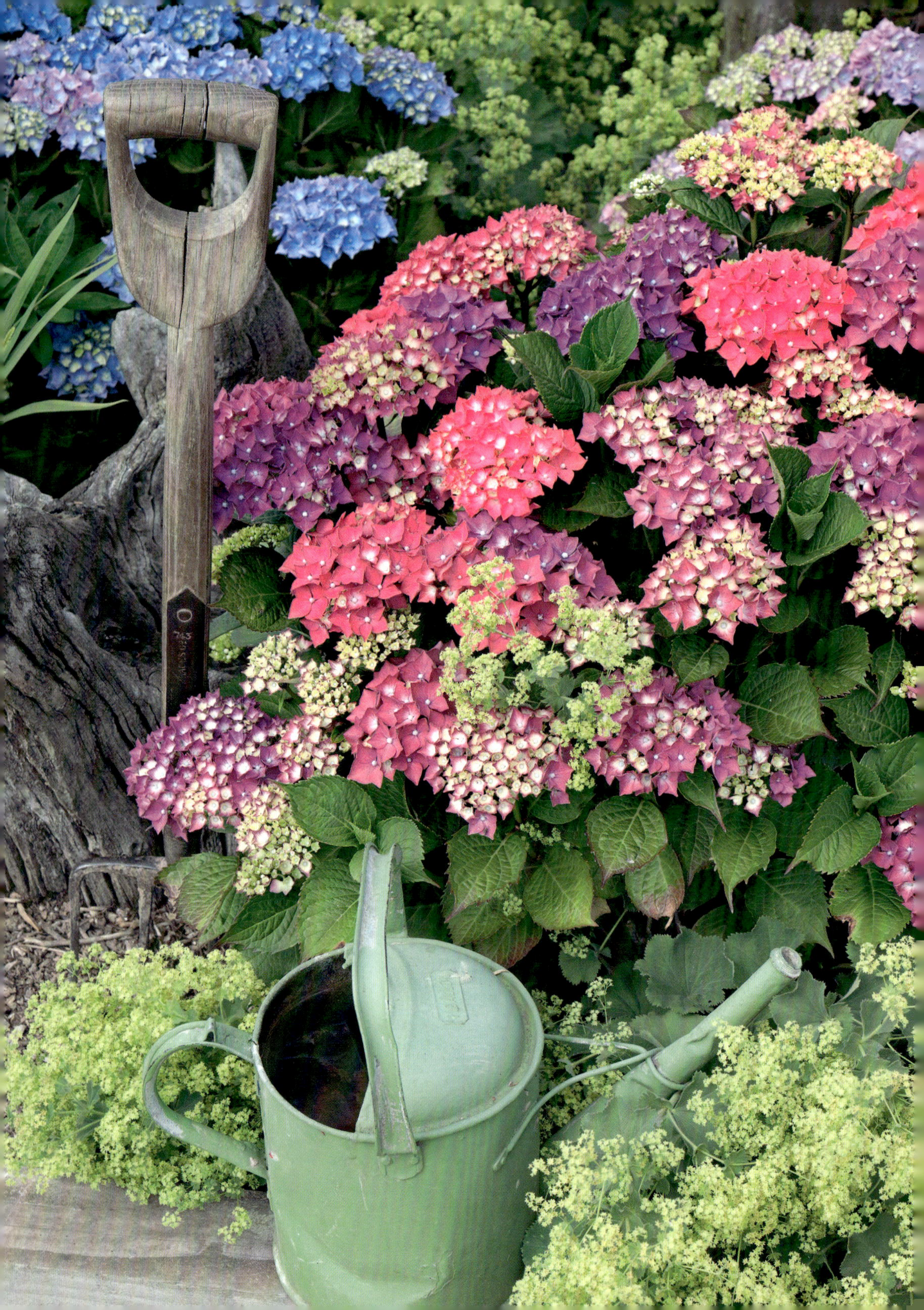

ROMANTISCHER VINTAGE-STIL

Nicht ganz perfekt und doch wunderschön: das prägt den romantischen »Vintage«-Stil. Eine Paradedisziplin für die Hortensie, hier kann sie mit ihren sanften Farben und der Blütenfülle punkten.

Diese Gestaltungsrichtung begeistert schon einige Jahre völlig zu Recht, denn hier darf man sich mit seinen Lieblingsstücken umgeben, auch wenn sie schon gebraucht und abgenutzt sind. Möbel, Kleidung und auch Pflanzen werden mit dem Herzen ausgesucht, weil man etwas Persönliches damit verbindet. So wird das Zuhause zum Gegenpol der rationalisierten Welt, speziell der modernen Arbeitswelt, in der nur Effektivität und Nüchternheit von Bedeutung sind. Am Blumentisch mag bereits etwas Lack abgeplatzt sein, aber es ist schließlich noch der aus dem eigenen Elternhaus. Eine Kitsche ist in der Vase, die von einer lieben Freundin stammt. Da liegt das Sofakissen, das zwar hier und da schon etwas fadenscheinig geworden ist, auf dem man aber schon als Kind in Omas Schaukelstuhl saß. Zum Vintage-Stil gehören Dinge, die Erinnerungen wecken. Sie stehen für die Wertschätzung von Momenten und Personen. Und wenn es keine originalen Stücke mehr gibt, dann sind es eben neu gekaufte, die aber aussehen wie die Dinge von früher – die Erinnerungen bleiben dennoch »echt«. Welche Pflanze nun könnte dann besser zu dieser Herzensangelegenheit passen als die romantisch-verspielte Hortensie? Vintage – was aus dem englischen Original übersetzt eigentlich so viel wie »altmodisch« bedeutet – soll hier heißen: liebevoll.

DIE FARBEN DES VINTAGE

Wer seinen Garten oder seine Tischdekoration mit Pflanzen im Vintage-Stil gestalten möchte, ist mit klassischen Bauernhortensien gut beraten. Besonders die wunderschönen Ballhortensien passen einfach zur romantischen Ader dieser Stilrichtung. Es gibt zudem seit wenigen Jahren gefüllt blühende Hortensien, die fast wie kleine Rosen oder Sterne aussehen – traumhaft. Die großen Blüten der Rispenhortensien erinnern gar an Sahnekuchen zum Nachmittagskaffee und sind ebenfalls eine perfekte Wahl für Vintage-Gestaltungen.

Überbordende Schönheit
Klassisch und zugleich lässig wirken die blauen Blütenbälle der Hortensie, wenn sie wie hier durch den Zaun wachsen.

Hortensien sind nicht zuletzt wegen ihrer Farben wie gemacht für den Vintage-Stil: Sanfte Grundtöne in Weiß sind dabei immer richtig, dazu vielleicht ein zartes Rosé oder Bleu. Unter den Hortensien finden sich zahlreiche Sorten mit genau solchen Farben. Wer es etwas kräftiger mag, kann die dunkleren Schattierungen nehmen. Ein tiefes Rot oder Lila ist wunderbar. Keinesfalls sollten die Blüten aber zu grell und die Mischungen zu bunt sein. Beschränken Sie Ihre Farbpalette auf einen kräftigen Akzentton, der sich idealer Weise auch in Ihren weiteren Pflanzen, auf Übertöpfen oder Deko wiederfindet. Kombinieren Sie dazu Pflanzen und Accessoires in soften Schattierungen oder neutralen Grundfarben.

DIE UMSETZUNG: ERST MAL AUSMISTEN

Wenn Sie im Vintage-Stil gestalten möchten, egal ob Haus, Balkon, Terrasse oder Garten, fangen Sie am besten mit dem »Ausmisten« an. Diesmal nicht mit dem klassischen Ausmisten »oller« Sachen, sondern vielmehr mit dem Aussortieren allzu moderner Gegenstände. Allem voran vertragen sich Kunststoffe nicht gut mit diesem Stil. Zumindest sollten Blumentöpfe oder Dekoartikel nicht nach Kunststoff aussehen. Auch allzu nüchterne Formen sowie grafische Muster gehören nicht in den Vintage-Haushalt oder -Garten. Wie dogmatisch Sie dies anwenden wollen, liegt natürlich bei Ihnen – womöglich ist ja gerade ein Kunststoffobjekt für Sie ein wichtiges Erinnerungsstück.

Klassisch für den Vintage-Stil ist jedenfalls die Verwendung von ursprünglichen Materialien. Im Garten bestehen Zäune aus verschnörkeltem Eisen oder Holz. Wunderbar sind zum Beispiel naturbelassene Staketenzäune statt streng symmetrischer Exemplare. Dazu ein Tipp: Damit sie nicht so schnell verwittern, die Staketenköpfe anschrägen und die Haltepfähle in Kies einbetten – dann fließt (Regen-)Wasser besser ab und greift das Holz weniger an.

Legen Sie ihre Wege aus Natursteinen oder Kies an, statt aus geraden Betonsteinen. Auf der Terrasse oder im Haus nutzen Sie Korbschalen und Steinguttöpfe, um die Pflanzen in Szene zu setzen. Tauschen Sie mitgelieferte Kunststoff-Etiketten durch Pflanzenstecker aus Metall oder Ton. Und vor allem: Reinigen Sie nicht zu viel! Moos und Flechten geben den Gegenständen eine tolle Patina. Holzlack darf auch etwas absplittern, wo man sich nicht daran verletzen kann. Apropos Lack: Farblich sollte dieses Beiwerk sich ebenfalls an die typischen eher »weichen« Farben anpassen: Weiß in verschiedensten Tönen, Grau und Beige sind auch hier die Favoriten. Dazu kommen eventuell Ihre oben schon angesprochene persönliche Akzentfarbe und natürlich romantische Streublumenmuster.

Nach dem Ausmisten können Sie nun daran gehen, den gewonnenen Raum neu zu füllen. Zuerst bekommen Ihre Hortensien ihren Platz. Dazu lassen sich dann wunderbar weitere Blumenklassiker arrangieren. Besonders gut passen zum Vintage-Stil kleinblumige Pflanzen. Auf der Fensterbank sind dies etwa Usambaraveilchen *(Saintpaulia)* oder Drehfrucht *(Streptocarpus)*.

Auf dem Vintage-Balkon oder im -Garten passen sehr gut Vergissmeinnicht *(Myosotis)*, Porzellanblümchen *(Saxifraga × urbium)* und Scheinlobelie *(Pratia pedunculata)*. Dann auch rispenförmige Pflanzen, wie Lavendel

In der Blütenform kontrastierende Pflanzen wirken am besten zur Vintage-Hortensie.

(*Lavandula angustifolia*) oder Salbei (*Salvia*) für den Topf (da diese beiden es trocken und sonnig mögen, passen sie im Beet nicht zu Hortensien) und Kerzen-Knöterich (*Bistorta amplexicaulis*) sowie Blutweiderich (*Lythrum salicaria*) für feuchte Standorte.

Wo Beet oder Kübel groß und sonnig genug sind, bilden klassische Bauerngartenstauden eine wunderbare Ergänzung zu Hortensien. Dazu gehören die Flammenblume (*Phlox*), Lupinen (*Lupinus*) und Glockenblumen (*Campanula*). Im Beethintergrund zieht Sommerflieder (*Buddleja*) Schmetterlinge und Bienen an. Auch manche Beet- und Strauchrosen sind romantische Begleiter, deren Ansprüche zu denen von Hortensien passen.

Für ein Beet oder einen Topfgarten im Schatten schließlich bieten sich zum Beispiel Sorten des Storchschnabels (*Geranium*) an, Waldmeister (*Galium odoratum*) und Funkien (*Hosta*). Eine Einschränkung ist lediglich, dass Sie wie stets auf die Standortansprüche der Pflanzen achten müssen.

WUNDERBARES AUS GEBRAUCHTEM

Ein wunderbarer Aspekt des Vintage-Stils ist, dass man aus alten, ungenutzten Gebrauchsgegenständen, die man aber einfach nicht wegwerfen mag, jetzt endlich wieder etwas Schönes machen kann. Die leicht rostige Etagere aus Draht darf zum Beispiel jetzt als Platz für ein Gesteck aus getrockneten Hortensienblüten wieder auf den Kaffee-

---

BETON-REVIVAL

Ein perfektes Vintage-Material für Selbermacher ist auch Beton, der momentan seine Renaissance erlebt. Selbst gemachte Pflanzschalen mit eingearbeiteten Hortensienblüten-Abdrücken lassen sich daraus zaubern. Und es muss ja nicht perfekt sein – nur mit Liebe gemacht.

Hortensien flankieren dieses romantische Plätzchen. Perfekt für einen Nachmittagskaffee.

tisch. Eine gusseiserne Suppenkelle wird an die Wand gehängt zur Mini-Hortensienvase. Und die verbeulte Zinkgießkanne dient als Blumentopf für Ihre Lieblingshortensie – aber bitte ein Abzugsloch für überschüssiges Gießwasser einbohren.

UNSERE SORTENEMPFEHLUNGEN

'Fantasia' – Eine Farbpalette in Pastell

Das vielfältige Farbspiel der 'Fantasia' liegt irgendwo zwischen pastellrosa, hellgrün und blauviolett. In einer Blüte. Eine perfekte Farbpalette für den Vintage-Stil. Zudem erinnern die gezähnten Blüten an die Reifröcke früherer Tage. Die Ballhortensie aus der Art *H. macrophylla* wächst sehr stabil etwa 1,50 Meter hoch und breit. Bis −15 °C ist sie sehr gut winterhart. Die Farben variieren noch je nach Bodenbeschaffenheit. Eine tolle Hortensie für Kübel und Beet. Sie mag Halbschatten, lässt sich jedoch auch gut an Sonne gewöhnen.

'Schneeball' – Reinweiße Blütenbälle

Die wohl nach wie vor beste weiße Hortensie der Art *H. macrophylla* ist die seit den 1960ern erhältliche 'Schneeball'. Sie kommt aus der Saxon®-Familie und ist eine Idealbesetzung für den Vintage-Stil mit seinen weiß-pastelligen Farben. 'Schneeball' wird bis zu 2 Meter hoch und breit, hat tiefgrünes Laub und bis zu 25 cm große, klar-

Mit 'Schneeball' können Sie eine dunklere Ecke, z. B. neben einem Schuppen, aufhellen.

Variable Farbe
'Fantasia', hier in Blauviolett, passt prima in alte Holzfässer oder vor gusseiserne Geländer.

weiße Ballblüten. Sie ist sehr robust und winterhart bis etwa −15 °C. Da weiße Blüten in großer Hitze leichter verbrennen als bunte, sollte die 'Schneeball' auf jeden Fall einen halbschattigen Standort bekommen.

'Romance' – Gefüllte Traumblüten für 180 Tage

Gefüllte Blüten, die wie kleine Sterne aussehen, machen *H. macrophylla* 'Romance' zu einer unbestritten romantischen Schönheit. Sie blüht erstaunliche 180 Tage und länger – doppelt so lange wie andere Hortensien. Danach kommt dann noch ein grandioser Farbverlauf während des hortensientypischen »Vergrünens«. 'Romance' wechselt ihre Farbe je nach Bodenbeschaffenheit von Rosa bis Blau. Sie wird 1 bis maximal 1,50 Meter hoch und ist damit für kleinere Beetbereiche, sehr gut aber auch für Töpfe und als Zimmerpflanze geeignet. Bis −15 °C macht Frost ihr nichts aus. Die 'Romance'

Märchenhaft
Die zarten Blüten wirken wie von einem Origami-Künstler gefaltet. Sie lassen sich wunderbar als Dekoration verwenden.

gehört zu einer ganzen Serie von gefüllt blühenden Sorten, den »You & Me«-Hortensien (siehe auch 'Together' auf S. 39).

'Caipirinha' – Frisches Limettengrün

Ihre frische Blütenfarbe in Grün-Weiß erinnert nicht nur an den namensgebenden Cocktail, sie passt auch sehr schön auf das Vintage-Parkett. Die *H. macrophylla* blüht ballförmig über kräftig dunklem Laub. Sie wird gut 1 Meter groß, passt also schön auf Terrasse und Balkon sowie in den Beetvordergrund. Ein halbschattiger Standort ist unbedingt zu empfehlen, damit die Blüten nicht verbrennen. Die Winterhärte liegt, typisch für die *H. macrophylla,* etwa bei −15 °C.

'Cotton Candy' – Eine süße Kleine

Eine süße, kleine, insbesondere für den Topf geeignete Hortensie, ist mit der 'Cotton Candy' vor Kurzem neu aus den USA auf den Markt gekommen. Die Tellerhortensie wird nur 60 bis 100 cm hoch – sie schafft es mit ihren zweifarbigen Blüten jedoch locker im Mittelpunkt zu stehen. Die Blüten – je nach Boden rosa oder blau – sind gezahnt und tragen eine helle Mitte. Sie erscheinen von Juni bis zum ersten Frost in großer Blütenfülle am ein- oder zweijährigen Holz. Diese *H. serrata* ist sehr gut winterhart. In Blau blühend ist die 'Cotton Candy' auch als 'Blueberry Cheesecake' im Handel.

'Cotton Candy' ist der Blume gewordene Mädchentraum in weiß-rosa.

Universell einsetzbar
Die unaufdringliche Farbe von 'Caipirinha' präsentiert sich z. B. in Zinkgefäßen auf gepflasterten Flächen sehr schön.

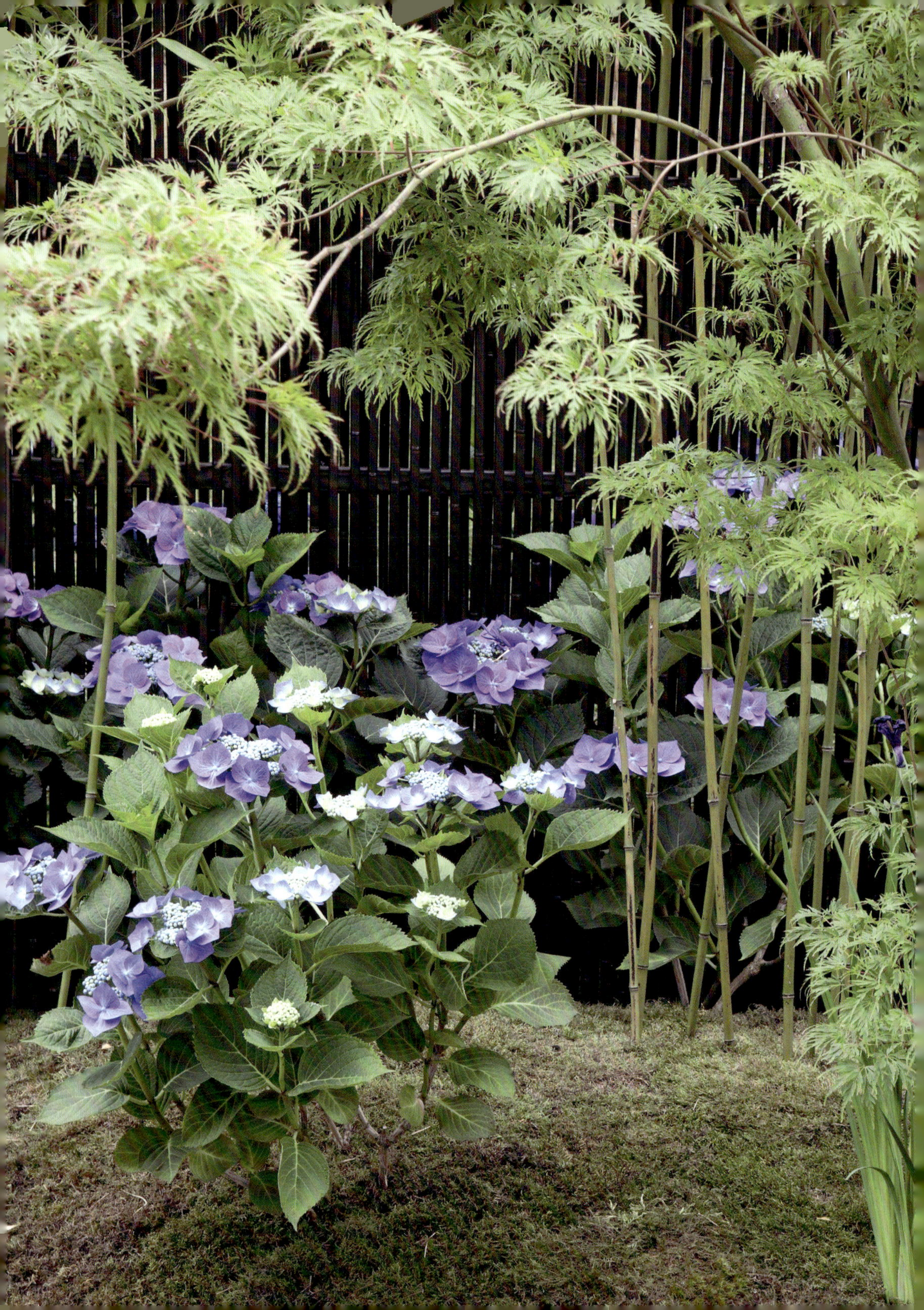

ASIA-GARTEN:
RAUM FÜR ENTSPANNUNG

Zum guten Schluss soll es noch um ihr »Heimspiel« gehen.
Die Hortensie stammt ursprünglich aus Asien. Man kann sich vorstellen,
dass die dortige Garten-Gestaltung daher perfekt zu ihr passt.

Einer der großen Pluspunkte des Asia-Stils ist, dass die Hortensie hier ganz in den Mittelpunkt rückt, während die Begleiter sich zurücknehmen. Das bietet unserer Lieblingspflanze eine hervorragende Plattform, um ihre Schönheit voll ausspielen zu können. Zudem lassen sich die Grundprinzipien der asiatischen Gartengestaltung wunderbar mit anderen Ansätzen mischen. Sie lassen sich in einem einzigen Pflanzkübel ebenso umsetzen wie auf großem Gelände. Sie entscheiden selbst, wie viel Asien Sie übernehmen möchten. Machen Sie ihren Balkon oder Garten so zu einem Ort der Entspannung, angenehm unaufgeregt und noch dazu pflegeleicht.

DIE GRUNDBAUSTEINE DES ASIA-STILS

Um die Grundlagen des asiatischen Stils zu verstehen, müssen wir uns kurz auf die dortige Gedankenwelt einlassen. Doch keine Sorge, wir werden schnell wieder bodenständig. Den asiatischen Gärtnern geht es bei ihrer Arbeit darum, einen Ort der Ruhe und Harmonie zu schaffen, in dem der Geist sich ohne Störungen entfalten kann. Dazu errichten sie inmitten hoher Mauern oder Hecken einen abgeschlossenen Raum, in dem sie alle Beete, Steine und Pflanzen nach einer strengen Symbolik ordnen und formen. Ziel ist es, eine perfekte Landschaft entstehen zu lassen. Dabei kommt es nicht auf die tatsächliche Größe an, der Garten kann einen ganzen Wald oder auch nur ein paar Quadratzentimeter umfassen. Zentral ist vielmehr, dass die gewählten Proportionen zueinander durchgängig beibehalten werden, sodass der Betrachter aus der richtigen Perspektive in eine »reale« Welt blickt. In dieser Welt kann ein einzelner Wolkenschnitt-Baum für einen ganzen Wald stehen, ein präzise arrangierter Stein für ein Gebirge.

Die vorherrschende Farbe im Asia-Garten ist grün, repräsentiert durch immergrüne

Sträucher, Nadelbäume, Bambus, Farne und Moose. Blühpflanzen hingegen werden in sehr geringer Zahl eingesetzt, dafür aber in zentraler Stellung. Sie werden zum Ausdruck von Lebendigkeit und Schönheit. Hortensien übernehmen – neben Kirsch- und Apfelbäumen, Kamelien und Azaleen – oft diese Position. Nicht umsonst stehen sie in der Blumensymbolik für Schönheit, Anmut und Dankbarkeit.

Asia at it's best: Wasser, Bambus, Kies und eine Bepflanzung mit Hortensie und Farnen.

MIT DEM AUGENMERK AUF NICHTS

Die Gestaltung eines Asia-Bereiches beginnt ein wenig anders, als bei den bisher beschriebenen Stilen. Denn nun richten wir unser Augenmerk als Erstes auf: Nichts. Den Leerraum zwischen den Pflanzen, die Fläche. Sie ist ein zentrales Element im Asia-Garten, denn sie ist der harmonisierende Gegenpol zur üppigen Lebendigkeit der Pflanzen. Im asiatischen Verständnis bedeutet Harmonie die Gleichmäßigkeit von Gegensätzen. Man kann es sich vorstellen wie eine traditionelle Waage mit zwei Schalen. Harmonie bedeutet, beide Schalen sind gleich gefüllt. Deshalb ist es wichtig, neben Pflanzbereichen in einem Garten auch die Fläche zu erhalten. Wobei auch diese Fläche gestaltet wird. Beispielsweise mit Sand- und Kiesbereichen oder ruhigen Wasserflächen. Sehr häufig auch mit einer gleichmäßigen bodendeckenden Bepflanzung, vielfach mit Moosen. Da Moos in unseren Breiten nur schwer zu kultivieren ist, bieten sich als Ersatz immergrüne Bodendecker an, zum Beispiel das Fiederpolster *(Cotula dioica)*.

Legen Sie also nun als Erstes fest, wo in Ihrem Refugium Freifläche bleiben und wo wie bepflanzt werden soll. Bauen sie sozusagen »Ihre« Landschaft auf. Soll es eine hohe Einfassung Ihres gesamten Asia-Bereiches geben, wie es in den klassischen asiatischen Gärten der Fall ist, oder gibt es schon eine, die mit in die Gestaltung integriert werden kann? Eine Balkonwand könnte mit Bambusmatten verkleidet werden, ein Vorgarten ein Stück Mauer bekommen.

Fernost auf dem Freisitz

Puristische Gefäße, schwarze und rote Elemente, dazu typische Pflanzen: Fächerahorn, Hortensien und Bambus.

Welche »festen« Materialien möchten und können Sie in Ihrer Gestaltung einsetzen? Ein Kiesbereich kann zum Beispiel für ein Meer stehen oder zu einem Bachlauf arrangiert werden – Wasser ist ein zentrales Element und sollte im klassischen Asia-Garten niemals fehlen, und sei es angedeutet. Formen Sie vielleicht mit Erde, gesprenkelt mit Findlingen, eine Hügelkette und eine Ebene. Achten Sie aber darauf, dass das Ergebnis wie eine gewachsene Landschaft aussehen soll. Strenge Beeteinfassungen, etwa aus Cortenstahl, verbieten sich da. Vielmehr werden im asiatischen Stil Pflanzen mit der Schere, Sand mit der Harke in Schach gehalten. Sie können ruhig Gartenvlies nutzen, um zu verhindern, dass sich Ihre Sandfläche mit dem Erdboden darunter mischt. Man darf dieses aber nicht sehen.

Bei größeren zu gestaltenden Bereichen sollten zudem Wege eingeplant werden, denn die beschriebenen Freiflächen sind im asiatischen Garten nicht als Wegflächen gedacht. Auch nicht wenn es sich um Rasenflächen handelt. Schließlich hat alles seinen Zweck und Platz, und diese Harmonie soll nicht gestört werden. Zumeist bestehen Wegflächen aus Pflastersteinen. Das allerdings in vielen Variationen, von einzelnen runden Trittsteinen bis zu erhöht liegenden

Wegen aus zusammenhängenden wuchtigen Quadern. Es wird aber auch mit anderen Bodenbelägen experimentiert, wenn ein bestimmtes Ziel erreicht werden soll. Vergessen Sie schließlich nicht, auch gewünschte Accessoires, wie Lampen, Figuren oder Sitzgelegenheiten, schon jetzt mit einzuplanen, damit sie zum Arrangement passen. Nichts wird in der asiatischen Gartengestaltung dem Zufall überlassen.

WECHSELN SIE DIE PERSPEKTIVE

Haben Sie nun also einen ungefähren Plan vom gewünschten Aussehen Ihres Asia-Refugiums, gehen Sie am besten nun in die praktische Umsetzung dieser Grundstruktur mit Erdbewegungen, Sand- und Kiesflächen.

APROPOS LIEBLINGS-HORTENSIE

Im asiatischen Raum heimisch und in Europa gut kultivierbar sind die Hortensienarten *Hydrangea serrata*, *Hydrangea macrophylla* und *Hydrangea paniculata*, deshalb empfehlen wir diese für die Umsetzung des Asia-Stils.

Dann merken Sie, wo noch etwas verändert werden müsste, bevor Sie die Pflanzen einkaufen. Scheuen Sie sich nicht, bei dieser Arbeit auch einmal die Perspektive zu wechseln, um die Wirkung zu prüfen. Stellen Sie sich an die andere Seite des Beetes oder hocken Sie sich einmal davor hin. Und nehmen Sie sich Zeit. Betrachten Sie die Wirkung ihrer Gestaltung in Ruhe – und genießen Sie diesen Prozess. Auch das ist ein Kern des asiatischen Gartenstils: Bereits der Weg ist das Ziel. Und immerhin geht es darum, etwas (für Sie) Perfektes zu schaffen. Asiatische Gärtner verwenden mitunter Stunden, um eine Handvoll Steine zu arrangieren.

Steht dann auch Ihre angedeutete Landschaft, planen Sie nun die genaue Bepflanzung hinein. Beginnen Sie dabei wieder klassisch mit den größten Pflanzen und gehen Sie von dort bis zu den kleinsten. Auch hier bietet es sich bei größeren Beeten an,

Viel Grün, eine japanische Stein-Laterne und eine blühende Hortensie prägen dieses Asien-Beet.

neu gekaufte Pflanzen probehalber auf der Fläche zu verteilen oder mithilfe von Stöcken oder anderen Markierungen die Proportionen zu verdeutlichen. Gerne werden im Asia-Stil übrigens Dreiergruppen gebildet. Zu einem Kirschbaum in Ihrem Vorgarten könnten drei Hortensien treten. Auf dem Balkon stellen sie vielleicht einen Kübel mit Ihrer Lieblingshortensie auf und arrangieren drei kleinere Schalen mit Sand und Farnen dazu.

UNSERE SORTENEMPFEHLUNGEN

'Kyushu' – Angenehm duftend

Straff aufrecht wächst die H. paniculata 'Kyushu' bis über 2 Meter hinaus in die Höhe und wird garantiert nicht übersehen. Sie trägt nur wenige große Scheinblüten, dafür aber viele angenehm duftende »echte Blüten« (sogenannte fertile Blüten) an ihren ebenso zahlreichen weißen Kerzenrispen. Sie ist zudem sehr frosthart. Ihren Namen hat sie bekommen, weil die Sorte von der japanischen Insel Kyushu stammt.

'Wim's Red' – Tiefrotes Herbstfeuer

Duftende und sich im Herbst feuerrot färbende Blütenrispen machen die 'Wim's Red' zu einer tollen Sorte unter den H. paniculata. Sie wird um 1,50 Meter hoch und breit, trägt ihre rund 25 cm langen Rispen auf stabilen Stielen und verzweigt sich gut. Ihre Blütezeit, die von etwa Juli bis Oktober reicht, ist ebenfalls sehr lang.

'Wim's Red' im Spätsommer: Der Übergang der Blütenfarbe von Altrosa zu Feuerrot.

Schmetterlingsleicht
Die reinweißen Einzelblüten von 'Kyushu' scheinen förmlich an der Rispe zu schweben, wie Schmetterlinge.

Apart und stylish
Die Blüten der wunderschönen *H. serrata* 'Blue Bird' lassen sich sehr gut für edle Dekorationen verwenden.

'Blue Bird' – Bezauberndes Blau

Die kleine *H. serrata* 'Blue Bird' wird nur um etwa 1 Meter hoch, bezaubert jedoch durch ihre auffällig gefärbten, fertilen (also vermehrungsfähigen) Blüten. Je nach Zusammensetzung des Bodens sind sie tiefblau mit weiß-blauen Scheinblüten oder altrosa mit rosa-weißen Scheinblüten. Ihre Blütezeit reicht von Juni bis September. Das Laub zeigt eine schöne Herbstfärbung mit roten Highlights. Der ältere japanische Name der Sorte lautet 'Aigaku'. Unter diesem Namen wurde sie dort schon vor 1940 kultiviert.

'Dark Angel' – Dunkles Laub

Eine dunkelrote Tellerhortensie mit auffallend dunklem Laub und markanten Blattadern ist die *H. macrophylla* 'Dark Angel'. Sie ist ein toller Kontrast zum Beispiel zu hellem Sand oder Kies. Sie eignet sich als mittelstark wachsende Hortensie für Kübel und Beet. Maximal 1,50 Meter etwa wird sie hoch und breit und lässt sich auch dunkel-violett färben. Frost bis etwa −15 °C ist kein Problem.

'Dark Angel' ist auf alle Fälle eine sehr aparte, auffällige, weil andersartige Hortensie.

ASIA-GARTEN: RAUM FÜR ENTSPANNUNG

Verwandlungskünstler

'Miss Saori' wirkt im Asia-Stil exotisch. Pflanzt man sie in ein Korbgefäß, passt sie aber genauso zum romantischen Vintage-Stil.

'Miss Saori' – Zweifarbige, gefüllte Neuheit

Erst 2014 von Japan aus auf den europäischen Markt gekommen ist die zweifarbige, gefüllt blühende Ballhortensie 'Miss Saori'. Und wurde gleich mal Siegerin der berühmten »RHS Chelsea Flower Show« in England. Kein Wunder: Ihre Blüten sind in der Mitte weiß mit dunklem, rosafarbenem Rand. Ihre Farben erinnern ein wenig an die Farben der Kirschblüte in Japan. Besonders exotisch wirkt 'Miss Saori' zu Blühbeginn, wenn sich die Einzelblüten entfalten. Hinzu kommt dunkles Laub, das die Blüten zusätzlich zum Leuchten bringt. 'Miss Saori' ist mit etwa 1,50 Metern maximaler Höhe ideal für einen halbschattigen Standort im Kübel, zum Beispiel auf der Terrasse, im Vorgarten oder auf dem Balkon. Sie ist dort auch gut winterhart bis etwa −15 °C. Die *H. macrophylla* gehört zu einer ganzen Serie von gefüllt blühenden Sorten, den »You & Me«-Hortensien, siehe auch 'Together' (Seite 39) und 'Romance' (Seite 74).

A

B

C

Ob sommerlich frisch oder herbstlich bunt: Hortensien sind immer ein guter Partner.

DEKOANLEITUNG: STRÄUSSE MIT HORTENSIEN

Einen Strauß kann man kaufen, oder ganz nach seinem Geschmack einfach selber binden. Zur Hortensienblüte finden sich im Garten die wunderbarsten Zutaten. Und auch herbstlich vergrünte Hortensien bieten sich für fröhliche Bouquets ganz wunderbar an.

So fertigen Sie einen tollen Strauß:

1. Das Geheimnis eines stimmigen Blumenstraußes sind seine Farben und seine Formen. Man sollte ihn entweder ganz kunterbunt gestalten oder sich auf ein bis zwei Farbnuancen (Bild B) beschränken. Alles dazwischen wirkt oft planlos. Bei den Formen gilt es, die Gegensätze »rund vs. länglich« sowie »filigran vs. dicht« zu nutzen.

2. Soll der Strauß eher barock werden, nehmen Sie Ballhortensien und fügen Sie weitere rundliche Blüten, wie Rosen oder Dahlien, hinzu (Bild C). Mögen Sie es lockerer, sind Tellerhortensien die richtige Wahl, kombiniert mit feinen Gräsern oder den Blüten des Frauenmantels (Bild A).

3. Arbeiten Sie den Strauß spiralförmig von innen nach außen und legen Sie die Blütenstiele leicht schräg zueinander an. Schneiden Sie alle Stiele mit einem scharfen Messer auf die passende Länge und dabei schräg ab, damit mehr Wasser aufgenommen werden kann.

Schnitthortensien

Es gibt Sorten, die sich in der Vase besser halten als andere. Testen Sie die Sorten in Ihrem Garten einmal durch, welche sich am besten eignen (Bild D). Generell gilt: Je fester die Blüten, desto besser halten sie in der Vase.

D

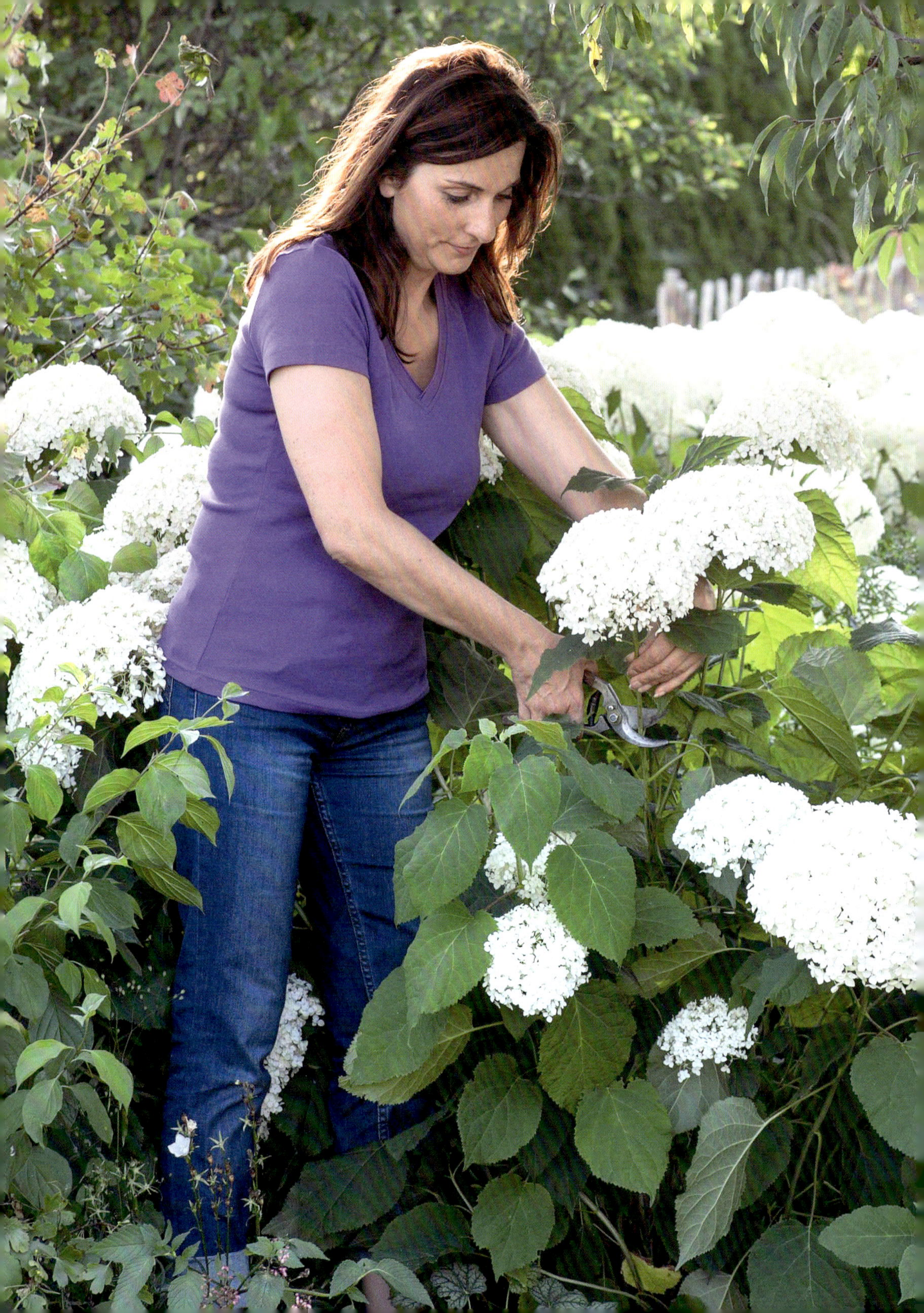

HORTENSIEN PFLANZEN UND PFLEGEN

STANDORT, EINPFLANZEN UND WINTERSCHUTZ

Nichts macht mehr Arbeit, als eine Hortensie an die falsche Stelle zu pflanzen. Dann kränkelt sie womöglich, zieht sich Schädlinge zu, man müht sich mit Dünger und Schutzmitteln ab. Mithilfe unseres kleinen Fragenkataloges finden Sie schnell heraus, welchen Standorttyp Sie haben.

SONNE, SCHATTEN, HALBSCHATTEN?

Fällt auf den geplanten Standort (fast) ganztägig Sonne, gar keine Sonne oder etwa halbtags Sonne? Für vollsonnige Standorte eignet sich vor allem *H. paniculata*. Auch *H. arborescens* und *H. quercifolia*. Einige *H. macrophylla*-Sorten, wie 'Blaumeise', 'Bela' oder 'Schöne Bautznerin', können sich ebenfalls daran gewöhnen. Weiß blühende *H. macrophylla* verbrennen hingegen schnell und gehören in den Halbschatten. Dort fühlen sich fast alle Hortensien wohl. Für tiefen Schatten sind *H. arborescens* und *H. serrata* zu empfehlen, die anderen Arten verlieren dort an Blühkraft.

IST DER BODEN LEHMIG ODER SANDIG?

Hortensien sind sehr durstig und mögen humose, nährstoffreiche Böden, die eine gewisse Feuchte gut halten können. Er muss aber auch durchlässig genug sein, dass keine Staunässe entsteht. Sie lässt die Hortensienwurzeln faulen. Durch Beimischen von Sand bei Lehmboden oder von Pflanzerde in sandigem Boden, machen Sie es Ihrer Hortensie angenehmer.

WELCHEN PH-WERT HAT DER BODEN?

Hortensien können nur in relativ saurem Boden Nährstoffe gut aufnehmen. Ideal ist ein pH-Wert von 4 bis 5 für blau/lila blühende und 5 bis 6 für rote und rosafarbene. Weiße vertragen pH-Werte von 4 bis 6. Niedriger Wert heißt saurer Boden, hoher Wert bedeutet alkalischer Boden. Mit Teststäbchen aus dem Fachhandel lässt sich der pH-Wert leicht bestimmen und durch Zugabe von Hortensienerde (sauer) beziehungsweise Kalk (alkalisch) regulieren. Die Arten *H. paniculata*, *H. arborescens* und *H. quercifolia* kommen besser mit alkalischem Boden zurecht als andere.

KEINE ESSIG-EXPERIMENTE!

Bitte nicht versuchen, mit Essig den pH-Wert zu senken, wie es manchmal propagiert wird. Er ist zu stark konzentriert, schädigt daher schnell die Wurzeln und wäscht sich auch ruckzuck wieder aus.

WIE PFLANZE ICH HORTENSIEN?

Draußen gepflanzt oder getopft werden können Hortensien zwischen April (nach dem Frost) und Oktober. In dieser Zeit bilden sie am besten neue Wurzeln. Der Pflanzabstand bestimmt sich durch die maximale Wuchsbreite der jeweiligen Hortensie. Das Pflanzloch beziehungsweise ein neuer Pflanzkübel sollte vom Volumen her etwa doppelt so groß sein wie der aktuelle Wurzelballen. Dann ist in der lockeren Erde genug Platz für neue Wurzeln. Nutzen Sie Hortensien- bzw. Rhododendronerde, sie hat den richtigen pH-Wert.

Ist der Ballen sehr trocken, tauchen Sie ihn vor dem Pflanzen in einen Eimer Wasser, bis keine Bläschen mehr aufsteigen. Gießwasser fließt sonst zunächst von den trockenen Wurzeln weg in die Umgebungserde und die Pflanze durstet noch immer. Im Beet macht es Sinn, den Ballen in eine kleine Mulde zu setzen, sodass das Gießwasser zur Pflanze hin und nicht von ihr weg läuft. Im Topf sollte ein etwa 3 cm hoher Gießrand verbleiben. Der Ballen kann leicht mit Erde bedeckt sein oder ebenerdig stehen. Zusätzlich düngen müssen Sie beim Pflanzen nur als Zimmerpflanze gekaufte Hortensien. Bei Gartenhortensien hat der Ballen beim Gärtner in der Regel Langzeitdünger bekommen, von dem Ihre Hortensie noch eine ganze Weile ausreichend zehren kann.

SICHER DURCH DEN WINTER

Wir können Entwarnung geben: Hortensien sind sehr kälteresistent und das Überwintern ist keine Zauberei. Wohl können ihre Knospen Schaden nehmen, aber dagegen kann man etwas tun. Die größte Gefahr ist im Winter nicht der Frost an sich, sondern dar-

Der Herbst ist eine gute Zeit, um Hortensien zu pflanzen. Gut angießen!

HORTENSIEN PFLANZEN UND PFLEGEN

Vor dem Winter
Packen Sie die Töpfe in wärmendes Material und stellen Sie sie auf eine etwas kälte-isolierende Unterlage.

aus resultierender Wassermangel. Hortensien vertragen Frost bis etwa −15 °C grundsätzlich problemlos, viele sogar bis −25 °C.

Empfindlicher sind lediglich die Eichblatthortensien *(H. quercifolia)*. Aber Hortensien verdunsten auch im blattlosen Zustand Wasser und müssen neues aufnehmen. Friert der Boden im Wurzelbereich dauerhaft durch, ist das unmöglich – die Hortensie stirbt.

Bei gut eingewurzelten Hortensien im Beet passiert das in Mitteleuropa in der Regel nicht. Nach etwa 3 Jahren Standzeit reichen ihre Wurzeln bis unter die Frostgrenze hinab und finden dort Wasser. Sie benötigen im Winter keine Pflege und keinen Schutz. Jüngere, kleinere Pflanzen können in den ersten ein, zwei Jahren eine wärmende Laubschicht am Boden oder zusätzliches Gießen gut gebrauchen. Eine geschlossene Schneedecke ist ebenfalls ein guter Schutz.

Für Hortensien im Kübel gilt das Gleiche: Sie sind gut frostfest und können draußen bleiben. Allerdings frieren Töpfe schneller komplett durch. Je kleiner, je eher. Rücken Sie Topfhortensien am besten an einen wind- und sonnengeschützten Standort, zum Beispiel an eine Hauswand, und legen Sie Winterschutz an. Prüfen Sie regelmäßig, ob die Erde feucht genug ist. Gießen Sie bei Bedarf

VORSICHT VOR SPÄTFRÖSTEN

Wenn wir sagen, Hortensien sind frostfest, dann sprechen wir allerdings vom Überleben der ganzen Pflanze. Die Blatt- und Blütenknospen können wesentlich empfindlicher reagieren, insbesondere bei späten Frosteinbrüchen ab Ende Februar, wenn sie schon zu wachsen begonnen haben. Decken Sie die Hortensien bei Frostgefahr über Nacht ab. Oder nehmen Sie Arten und Sorten, die im Frühjahr am neuen Trieb noch Blüten ansetzen.

an frostfreien Tagen oder bei langem Frost mit warmem (nicht heißem!) Wasser. Dabei Staunässe unbedingt verhindern. Hilfreich sind Tonfüße, die unter die Töpfe geklemmt werden, so dass überschüssiges Wasser ungehindert abfließen kann.

Wer in sehr frostigen Regionen wohnt und lieber auf Nummer sicher geht, kann seine Topfhortensien auch in Garage oder Keller überwintern. Aber sie brauchen »Winterkälte«, um ihre Blütenansätze voll auszubilden und das Wachstum im Frühjahr anzuregen. Temperaturen zwischen +2 °C und +10 °C sind optimal. Licht brauchen sie nicht in der Winterruhe. Nur Wasser – siehe oben.

Belassen Sie die Blüten im Herbst am Strauch, sie machen auch bei Frost eine gute Figur.

RICHTIG ABGEDECKT

Für einen Winterschutz gibt es verschiedene Möglichkeiten. **Reisig**, also Zweige von immergrünen Pflanzen, wie Tannen, Stechpalme oder Buchs, können über die gesamte Pflanze gelegt und ineinander verkeilt werden. Ein Korb aus **Draht** oder **Holzbrettern**, mit Blättern locker gefüllt, ist ein umweltfreundliches Wärmebett. **Pflanzenvlies** ist als kurzfristige Abdeckung der gesamten Pflanze bei Spätfrösten geeignet. Eine langfristige Lösung ist es nicht, denn es lässt nicht viel Regenwasser durch, und es kann sich unter der Abdeckung Nässe sammeln – was Hortensien beides nicht mögen.

Jute, **Vlies** und **Noppenfolie** sind Materialien, um Kübel einzuwickeln. Den »Kübelmantel« gut festbinden, damit Winterstürme ihn nicht wegwehen. Der Erdbereich oben und das Abzugsloch unten müssen für Luftzufuhr und Bewässerung offen bleiben. **Styroporstücke** schützen Topfhortensien von unten. Auf den nötigen Wasserablauf achten.

HORTENSIEN DÜNGEN UND BLAU FÄRBEN

Wussten Sie, dass Hortensien Dünger nicht nur zum Wachstum, sondern auch für die Winterhärte nutzen? Und dass ein falscher Dünger auch schaden kann? Es ist extrem spannend, sich mit den Inhaltsstoffen ein wenig näher zu beschäftigen. Auch wenn Chemie nicht Ihr Lieblingsfach in der Schule war – halten Sie durch.

Drei Nährstoffe sind es, die in Düngern hauptsächlich vorkommen, weil sie für Hortensien und andere Pflanzen sehr wichtig sind: Stickstoff, Phosphor und Kalium. Ihre chemischen Zeichen, wie sie auf Düngern notiert sind, lauten »N«, »P« und »K«. Angegeben wird die Menge der Inhaltsstoffe bei Dünger in der Reihenfolge N-P-K und prozentual. In Klammern danach können wichtige Spurenelemente genannt sein. Die Angabe 8-3-5 heißt zum Beispiel, in 100 g des Düngers sind 8 g Stickstoff, 3 g Phosphor und 5 g Kalium.

Für Hortensien ist außerdem das Spurenelement Eisen (»Fe«) sehr bedeutend. Fehlt es, können Hortensien nicht mehr genug von dem grünen Blattfarbstoff Chlorophyll bilden und nicht ausreichend Zucker für ihre Ernährung produzieren. Erkennbar ist das an gelben Blättern, genannt Chlorose. Sie kann auch durch das Fehlen anderer Nährstoffe ausgelöst werden, daher bei gelben Blättern düngen. Ebenfalls ein Anzeichen von Nährstoffmangel können braune Blattflecken sein.

WANN DÜNGE ICH WIE VIEL?

Neu gekaufte Hortensien zum Auspflanzen brauchen meist erst einmal gar keinen Dünger. Baumschulen arbeiten in der Regel mit Langzeitdüngern, die die Pflanze durch ihre ganze erste Saison bringen. Man erkennt sie als Kügelchen im Wurzelballen. Nur wenn Mangelerscheinungen auftreten, muss nachgedüngt werden. Am besten mit Flüssigdünger, sodass die Nährstoffe sofort verfügbar sind. Bezüglich der Menge muss man sich an die Packungsangaben halten, da Dünger verschieden konzentriert sein können. Sinnvoll ist ein spezieller Rhododendron- oder Hortensiendünger, der die passenden Nährstoffe für Hortensien bereithält.

Eisenmangel bei Hortensien

Sie erkennen ihn schnell an den gelblich aufgehellten Blattflächen zwischen den Blattadern.

Ab dem Folgejahr gibt man Hortensien für ihr Wachstum etwa ab April/Mai einen Dünger mit relativ viel Stickstoff. Er sollte ein N-K-Verhältnis von rund 1:1,25 haben (auf 1 Teil Stickstoff kommen 1,25 Anteile Kalium). Sinnvoll ist erneut ein Langzeitdünger. Bohren sie rund um den Wurzelbereich drei, vier Löcher, z. B. mit einem Besenstiel, und streuen sie den Dünger dort hinein. Bis dieser wirkt, kann ein erster Startschuss mit einem Flüssigdünger gegeben werden. Wer gern Naturprodukte nimmt, kann zu Hornspänen greifen. Allerdings beinhalten sie fast nur Stickstoff, kein Kalium oder Phosphor. Bei Kompost muss auf den pH-Wert geachtet werden, der für Hortensien oft zu hoch liegt. Grasschnitt senkt den pH-Wert, sowohl im Kompost als auch als Mulch auf dem Beet.

DÜNGEN SIE NICHT MIT PFEFFER UND SALZ

Gerne werden beim Düngen von Hortensien drei Namen durcheinander geworfen, die völlig Verschiedenes bedeuten. Vergessen Sie Hortensienblaudünger. Blaukorn ist kein Hortensienblau. Und Hortensienblau kein Dünger. Das Ganze noch mal langsam: Mit »Hortensienblau« können manche Hortensien unter bestimmten Bedingungen blau gefärbt werden – siehe unten. Es enthält aber keine Nährstoffe und ist daher kein Dünger.

»Blaukorn« ist ein Dünger, der seinen Namen trägt, weil er blau ist. Mit der Blaufärbung von Hortensien hat er hingegen nichts zu tun.

»Hortensienblaudünger« schließlich enthält Nährstoffe und die Bestandteile für das Blaufärben. Allerdings in einer festen Relation zueinander, sodass man damit sehr unflexibel ist. Schnell hat man unnötig viel »Farbmittel« gegeben, weil man mehr Dünger benötigt. Oder andersherum. Besser ist es, einen reinen Hortensiendünger zu nehmen und ein reines Hortensienblau. Sie haben ja auch nicht Pfeffer und Salz zusammen in einer Gewürzmühle.

Dünger gibt es in allen Formen und Farben. Am Wichtigsten ist das richtige Nährstoffverhältnis.

ÜBUNG MACHT DEN MEISTER

Manchmal braucht es etwas Bauchgefühl für das Düngen. Denn der konkrete Nährstoffverbrauch der Hortensie hängt von Art und Sorte ab, von Regen beziehungsweise Gießverhalten (Auswaschungen) und natürlich von der Größe der Pflanze.

ZUM SPÄTSOMMER: DÜNGERWECHSEL

Im Spätsommer ändern Hortensien ihre Lebensweise, dementsprechend sollte man ab Ende August einen Dünger mit anderer Zusammensetzung nehmen. Zu viel Stickstoff verhindert zum Beispiel, dass sich die Zellwände verdicken und härten, sodass sie weniger frostresistent werden. Phosphor und Kalium hingegen unterstützen die Reife der Knospen und die Frostresistenz. Daher sollte der Dünger nun ein N-K-Verhältnis von etwa 1:7 haben.

WIE VERGLEICHE ICH NÄHRSTOFFANGABEN?

Für alle, die bei Zahlen einfach immer einen Knoten in den Kopf bekommen, sei noch kurz erklärt, wie man zwei Dünger vergleichen kann. Als Beispiel nehmen wir einen Dünger mit N-K Angabe 12-16 und einen mit 4-5. Das Ergebnis wird lauten: Sie sind fast gleich. Man rechne 16 durch 12 und bekommt 1,33; der Dünger hat ein N-K-Verhältnis von 1:1,33. Und 5 durch 4 ergibt 1,25; das N-K-Verhältnis beträgt 1:1,25.

Strahlend blaue Blüten
Wer ein so tiefes Blau haben möchte, sollte im September Hortensienblau für das nächste Jahr nachgießen.

HORTENSIEN FÄRBEN

Da blüht eine eigentlich blau gekaufte Hortensie plötzlich rosa. Oder sie wechselt von einem klaren Rot in einen lilafarbenen Ton. Es gehört zu den faszinierenden Eigenschaften der meisten H. macrophylla und H. serrata, dass sie ihre Blütenfarbe verändern können.

Das Geheimnis ist der Farbstoff Delphinidin in den Blüten. Dieser wird umso blauer, je mehr Aluminium die Hortensie aufnimmt. Es ist im Boden als Spurenelement ganz natürlich mehr oder weniger stark vorhanden. Rosafarbene Hortensien werden damit blau, Rote lila. Allerdings nicht mehr, wenn der pH-Wert über 5 steigt, denn dann können Hortensien Aluminium nicht aufnehmen.

Nutzen Sie diese wunderbare Eigenschaft für sich, um Ihrer Hortensie Ihre persönliche Lieblingsfarbe zu geben. Im Handel gibt es praktisches Hortensienblau dafür. Man kann auch sogenannten Kali-Alaun verwenden, der in der Apotheke erhältlich ist. Aber Vorsicht: Eine Überdosierung schädigt die Pflanzen.

Der optimale Zeitpunkt zum Färben ist das Frühjahr, wenn die Pflanze mit dem Austrieb beginnt. Sind die Blüten »fertig« angelegt, färben sie sich nur noch schwer um.

IM FRÜHJAHR WIRD GESCHNITTEN

Wenn die ersten Frühlingstage nach draußen locken, kribbelt es Gartenbesitzern in den Scheren. Doch bei Hortensien ist etwas Vorsicht geboten. Wann und wie man sie schneidet, hängt von der Klimaregion ab und von der Hortensienart. Es gibt vier Schnitt-Typen, in die sich Hortensien einteilen lassen.

Grundsätzlich werden Hortensien im Frühjahr beschnitten, wenn praktisch keine Fröste mehr zu erwarten sind. Denn an frisch gekappten Zweigen kann Frost leichter Schaden anrichten. Andererseits sollte geschnitten werden, bevor der große Wachstumsschub einsetzt. Das ist in der Regel Ende Februar bis Mitte März der Fall. Am besten man beobachtet die Knospen. Sobald sie dicker werden, greift man definitiv zur Schere.

SCHNITT-TYP 1

Bei Hortensien der Arten *H. macrophylla* und *H. aspera* werden in der Regel nur die Vorjahresblüten knapp oberhalb der neuen Knospen abgeschnitten. Denn diese Sträucher legen bereits im Herbst ihre Knospen für das nächste Jahr an. Kappt man sie zu weit, schneidet man die Blütenknospen mit ab. Warten Sie daher mit dem Schneiden, bis Sie die neuen Knospen sicher erkennen können. Der Pflanze selbst allerdings macht ein tieferer Rückschnitt nichts aus. Wird eine Hortensie zu groß, kann man sie ruhig zurückschneiden. Am besten Anfang Juli, dann legt die Pflanze eventuell noch neue Blütenknospen für das nächste Jahr an.

Älteren Hortensien tut hin und wieder ein Verjüngungsschnitt gut. Dabei wird rund ein Drittel der Zweige knapp über dem Boden abgeschnitten, am besten die dicksten und ältesten. Die Pflanze wird so zur Bildung neuer Triebe angeregt, die wieder mehr Blüten bilden.

SCHNITT-TYP 2

Bis knapp über den Boden zurückgeschnitten werden können *H. paniculata* und *H. arborescens*. Sie legen erst im Frühjahr ihre Blütenknospen an den neu wachsenden Trieben an. Achten Sie darauf, dass ein bis

AUF NUMMER SICHER

Wer sich wegen des Schneidens unsicher ist, sollte eine Sorte wählen, die Blüten an alten und neuen Trieben bildet. Dazu gehören *H. macrophylla* aus den Serien »Diva Fiore«, »Endless Summer«, »Everbloom« und »Forever & Ever«.

zwei Knospenansätze pro Trieb bleiben. Der komplette Rückschnitt ist nicht jedes Jahr nötig, regt jedoch die Blütenbildung an. Einige Sorten neigen wegen dünnerer Triebe zum Umfallen, diese sollte man einkürzen. Ältere Triebe werden meist stabiler.

SCHNITT-TYP 3

Die Arten *H. anomala* ssp. *petiolaris* (Kletterhortensie) und *H. sargentiana* (Samthortensie) brauchen gar keinen Rückschnitt. Wer möchte kann Vorjahresblüten ausbrechen. Diese Arten können aber sowohl eingekürzt als auch durch das Herausnehmen einzelner Triebe ausgeglichen werden.

SCHNITT-TYP 4

H. quercifolia sollte möglichst gar nicht geschnitten werden. Sie wächst oft nur sehr unschön weiter. Daher sollten hier im späteren Frühjahr lediglich vertrocknete oder erfrorene Pflanzenteile sowie die Vorjahresblüten herausgenommen werden.

Schnitt-Typ 2: Vorjahrestriebe bis auf ein Grundgerüst zurückschneiden. Je höher dieses ist, desto höher wird die Pflanze.

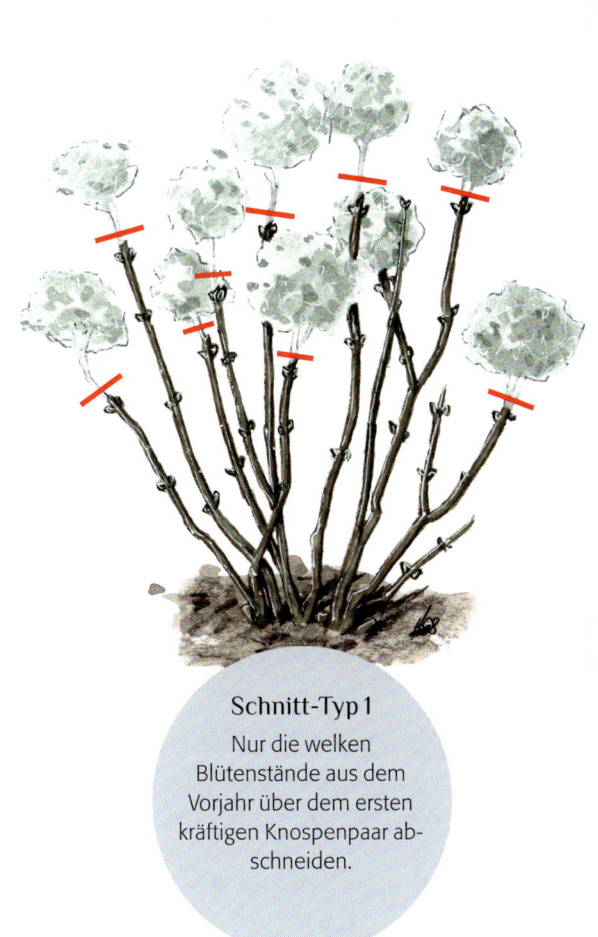

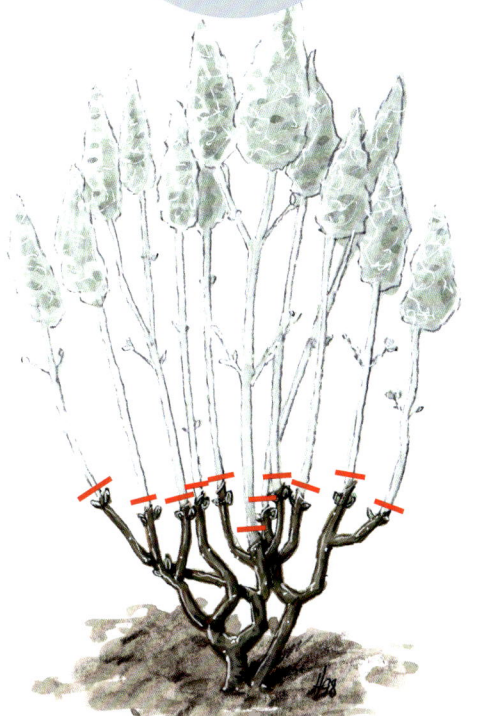

Schnitt-Typ 1
Nur die welken Blütenstände aus dem Vorjahr über dem ersten kräftigen Knospenpaar abschneiden.

SCHÄDLINGE UND KRANKHEITEN

Hortensien sind zum Glück nicht anfällig für Krankheiten und Schädlinge. Zur Vorbeugung sind ein passender Standort, genug Wasser und Nährstoffe immer die besten Mittel. Manchmal »erwischt« es Hortensien aber natürlich doch. Wir stellen die häufigsten Schädlinge und Krankheiten vor, und was man dagegen tun kann.

Spinnmilben-Befall

zeigt sich durch kleine silbrige Punkte auf den Blättern, später dann gelb bis braun verfärbte Stellen, die schließlich eintrocknen. Dazu womöglich ein feines Gespinst an der Blattunterseite. Besonders gefährdet sind Zimmerhortensien, da Milben warme und trockene Luft mögen. Zur Vorbeugung die Luftfeuchte erhöhen und direkte Heizungsluft vermeiden. Gegen Spinnmilben helfen Raubmilben oder rapsölhaltige Spritzmittel, die aber die Blätter verkleben können.

Thripsbefall

erkennt man an silbrigen Saugpunkten auf den Blättern und braunen Kotpünktchen an der Unterseite. Die Pflanze reagiert mit Kümmerwuchs, Blattflecken und deformierten Blüten. Thripse sind länglich im Unterschied zu den kugeligen Spinnmilben. Leider helfen neben Raubmilben oder Raubwanzen nur chemische Mittel aus dem Fachhandel.

Blattläuse

Klebrige und deformierte Blätter sind das Werk von Blattläusen, oft folgen Ameisen und Rußtaupilze nach. Man wird die gut sichtbaren Läuse oft schon durch Abspritzen mit Wasser, Brennnesselbrühe oder Kaliseifenlauge los. Fördern Sie natürliche Feinde wie Insekten, Spinnen und Vögel.

Hortensien-Wollschildläuse

sind gut erkennbar an den wolligen Larven-Säckchen an der Blattunterseite. Der Befall führt zu gelben Blättern, Laubabwurf, im schlimmsten Fall zum Absterben der Hortensie. Helfen können das Abbürsten der Triebe vor dem Laubaustrieb und das Entfernen der Larvensäckchen durch Abspritzen mit Wasser. Marienkäfer sind die natürlichen Feinde der Schildläuse. Rapsölhaltige Spritzmittel verkleben die Tiere, aber auch die Blätter, daher vorsichtig und nur an den Stielen anwenden.

SCHÄDLINGE UND KRANKHEITEN

Dickmaulrüssler
Die dämmerungsaktiven schwarzen Käfer sind mit 12 mm Länge gut zu erkennen und knabbern lediglich Buchten in die Ränder der Hortensienblätter. Ihre Larven aber, weiß mit braunen Köpfen, fressen die Wurzeln und können Hortensien damit vernichten. Die erwachsenen Käfer absammeln, gegen Larven im Frühjahr und im August Fadenwürmer (Nematoden) oder Pilze ausbringen.

Echter Mehltau
Er zeigt sich als abwischbarer, weißlich-grauer Belag unter oder auch auf den Blättern. Entfernen Sie kranke Blätter, ansonsten hilft nur ein Fungizid. Verbreitet wird Mehltau durch Luftbewegungen (schwankende Temperaturen, Heizungsluft, Zugluft).

Blattfleckenpilze
Braune Blattflecken, die nach und nach aufreißen, sind hier die Symptome. Ursachen sind eine schlechte Nährstoffversorgung und hohe Luftfeuchtigkeit. Düngen Sie, prüfen Sie den Standort sowie den pH-Wert und entfernen Sie betroffene Pflanzenteile.

Knospenfäule *(Botrytis)*
Sie zeigt sich als grauer Schimmel auf den Knospen. Der Schimmelpilz mag es feucht und kühl und tritt daher oft in Winterquartieren auf. Entfernen Sie kranke Pflanzenteile und verbessern Sie die Belüftung.

> **Dickmaulrüssler sind eine große Gefahr**
> Prüfen Sie Ihre Kübelpflanzen beim Umtopfen auf Larven und sammeln Sie adulte Tiere ab.

Thripse und ihre Larven sind mit 1 bis 3 mm sehr klein, können aber großen Schaden anrichten.

HORTENSIEN-SORTEN IM ÜBERBLICK

SORTE	STANDORT	WUCHSHÖHE UND BREITE	BLÜTEN-FORM
Annabelle (3) *(H. arborescens)*	Schatten bis Sonne	Bis 2 m	Ball
Bela *(H. macrophylla)*	Halbschatten	Bis 2 m	Ball
Blaumeise *(H. macrophylla)*	Halbschatten	Bis 2 m	Teller
Blue Bird (1) *(H. serrata)*	Halbschatten	Um 1 m	Teller
Bobo *(H. paniculata)*	Sonne bis Halbschatten	Knapp 1 m	Rispe
Burgundy *(H. quercifolia)*	Sonne bis Halbschatten	Rund 2 m	Rispe
Caipirinha *(H. macrophylla)*	Halbschatten	Gut 1 m	Ball
Coral blue/Magical® *(H. macrophylla)*	Halbschatten bis Sonne	Bis 1 m	Ball
Cotton Candy (2) *(H. serrata)*	Halbschatten	Bis 1 m	Teller
Curly Sparkle *(H. macrophylla)*	Halbschatten	Bis 1,50 m	Ball
Dark Angel *(H. macrophylla)*	Halbschatten	Bis 1,50 m	Teller
Diva Fiore *(H. macrophylla)*	Halbschatten bis Sonne	Keine Angabe vom Züchter	Ball

BLÜTENFARBE	BESONDERHEITEN	PFLANZ-EMPFEHLUNG	STILTYPEN-EMPFEHLUNG
Weiß	Große Blüten, Stütze ratsam	Große Beete	Naturgarten, New German Style, Vintage
Stahlblau bis kräftig Rosa	Sehr robust	Große Beete	New German Style, Wilde Moderne
Stahlblau bis kräftig Rosa	Sehr robust	Große Beete	Asia, Naturgarten, New German Style
Rosa bis Blau	Auffällig gefärbte fertile Blüten	Topf, kleine Beete	Asia, Naturgarten, Wilde Moderne
Weiß	Dichte Rispe	Topf, kleine Beete	New German Style, Vintage
Weiß bis Pink	Wenig verzweigt, tiefrote Herbstfärbung des Laubes	Große Beete	Naturgarten, New German Style, Vintage
Grünlich-Weiß	–	Topf, kleine Beete, Zimmer	Vintage
Grün mit blauer Zeichnung	Ausgeprägtes Farbspiel der Blüten	Topf, kleine Beete, Zimmer	Vintage, Wilde Moderne
Rosa oder Blau mit heller Mitte	Zweifarbige Blüte	Topf, Zimmer	Vintage, Wilde Moderne
Dunkelpink bis Blaulila	Gewellte Blütenblätter	Topf, kleine und große Beete	Vintage, Wilde Moderne
Feuerrot bis Dunkel-Violett	Dunkles Laub	Topf, Kübel, kleine und große Beete	Asia, New German Style, Wilde Moderne
Rosa, Lila oder Blau	Blüht auch am neuen Trieb	Topf, Kübel, kleine Beete	Wilde Moderne

SORTE	STANDORT	WUCHSHÖHE UND BREITE	BLÜTEN-FORM
Early Blue *(H. macrophylla)*	Halbschatten	Bis 1 m	Ball
Endless Summer (1) *(H. macrophylla)*	Halbschatten bis Sonne	Um 1,50 m	Ball
Fantasia *(H. macrophylla)*	Halbschatten bis Sonne	Bis 1,50m	Ball
hor Tivoli (2) *(H. macrophylla)*	Halbschatten	Um 1 m	Ball
Hortensia Trio (6) *(H. macrophylla)*	Halbschatten	Um 1,50 m	Ball
Hot Red (4) *(H. macrophylla)*	Halbschatten	Bis 1 m	Ball
Kanmara (5) *(H. macrophylla)*	Halbschatten	Um 1,50 m	Ball
Kardinal *(H. macrophylla)*	Halbschatten	Um 1,50 m	Teller
Kleiner Winterberg (3) *(H. macrophylla)*	Halbschatten	Bis 1 m	Ball
Kyushu *(H. paniculata)*	Sonne bis Halbschatten	Über 2 m	Rispe

BLÜTENFARBE	BESONDERHEITEN	PFLANZ-EMPFEHLUNG	STILTYPEN-EMPFEHLUNG
Tiefblau bis Rosa	–	Topf, kleine Beete, Zimmer	Vintage, Wilde Moderne
Rosa bis Blau	Blüht auch am neuen Trieb	Kübel, kleine und große Beete	New German Style, Vintage, Wilde Moderne
Pastellrosa mit Hellgrün und Blauviolett	Vielfarbige, gerüschte Blüte	Kübel, kleine und große Beete	New German Style, Vintage, Wilde Moderne
Dunkelrosa bis Dunkelblau mit weißem Rand	Zweifarbige Blüte	Topf, Zimmer	Wilde Moderne
Weiß-Blau-Rosa oder Lila-Blau-Rosa	Drei Blütenfarben in einem Topf	Topf, Kübel, große und kleine Beete, Zimmer	New German Style, Wilde Moderne
Tiefrot bis Dunkellila	Braucht Winterschutz	Topf, Zimmer	Vintage, Wilde Moderne
Von Weiß bis Rosa oder mehrfarbig (nach Sorte)	Riesige Blüten	Kübel, kleine und große Beete	New German Style, Vintage, Wilde Moderne
Rot bis Violett	–	Kübel, große und kleine Beete	Asia, Naturgarten, New German Style
Reinweiß	–	Topf, Zimmer	Vintage
Weiß	Wächst sehr gut aufrecht	Kübel, große Beete	Asia, New German Style, Vintage

SORTE	STANDORT	WUCHSHÖHE UND BREITE	BLÜTEN-FORM
Leuchtfeuer (5) (H. macrophylla)	Halbschatten	Bis 2 m	Ball
Levana (3) (H. paniculata)	Sonne bis Halbschatten	Bis 2 m	Rispe
Limelight (4) (H. paniculata)	Sonne bis Halbschatten	Gut 2 m	Rispe
Miss Saori (1) (H. macrophylla)	Halbschatten	Bis 1,50 m	Ball
Phantom (H. paniculata)	Sonne bis Halbschatten	Bis 2 m	Rispe
Pink Annabelle (6) (H. arborescens)	Schatten bis Sonne	Um 2 m	Ball
Pink Sensation (H. macrophylla)	Halbschatten	Bis 1,50 m	Ball
Pinky Winky (2) (H. paniculata)	Sonne bis Halbschatten	Um 1,50 x 1,30 m	Rispe
Pink Wonder/ Everbloom® (H. macrophylla)	Halbschatten	Bis 1,50 m	Ball
Romance (H. macrophylla)	Halbschatten	Bis 1,50 m	Teller
Rosita (H. macrophylla)	Halbschatten	Bis 1,50 m	Ball

BLÜTENFARBE	BESONDERHEITEN	PFLANZ-EMPFEHLUNG	STILTYPEN-EMPFEHLUNG
Dunkelpink bis Rot und Lila	Sehr robust	Kübel, große Beete	New German Style, Vintage, Wilde Moderne
Weiß	Wächst stabil aufrecht	Kübel, große Beete	Naturgarten, New German Style, Vintage
Grünlich-Weiß	Kräftige rötliche Herbstfärbung	Große Beete	Naturgarten, New German Style, Vintage
Weiß mit dunkelrosa Rand	Gefüllte, zweifarbige Blüte	Kübel, kleine und große Beete	Asia, New German Style, Vintage
Cremegelb bis Weiß	Rosa Herbstfärbung der Blüte	Kübel, große Beete	Naturgarten, New German Style, Vintage
Zartrosa	Braucht oft eine Stütze	Kübel, Große Beete	New German Style, Vintage, Wilde Moderne
Hellrosa	–	Kübel, kleine und große Beete	Naturgarten, New German Style, Vintage
Weiß-Rosa	Mehrfarbige Blüte	Kübel, kleine und große Beete	Naturgarten, New German Style, Vintage, Wilde Moderne
Hellrosa	Blüht auch am neuen Trieb	Topf, kleine und große Beete, Zimmer	Naturgarten, New German Style, Vintage,
Rosa bis Blau	Gefüllte Blüten, die 12 Wochen halten; rieselt nicht	Topf, kleine und große Beete, Zimmer	Asia, New German Style, Vintage
Rosa bis Blau	–	Kübel, kleine und große Beete	New German Style, Vintage

SORTE	STANDORT	WUCHSHÖHE UND BREITE	BLÜTEN-FORM
Schloss Wackerbarth (5) (H. macrophylla)	Halbschatten bis Sonne	Um 1 m	Ball
Schloss Zuschendorf (3) (H. macrophylla)	Halbschatten	Um 1,50 m	Ball
Schneeball/Saxon® (2) (H. macrophylla)	Halbschatten	Bis 2 m	Ball
Schöne Bautznerin (H. macrophylla)	Halbschatten	Bis 2 m	Ball
Snowflake (6) (H. quercifolia)	Sonne bis Halbschatten	Bis über 2 m	Rispe
Table Rose/Saxon® (H. macrophylla)	Halbschatten	Kein Angabe vom Züchter	Ball
Three Sisters (H. macrophylla)	Halbschatten	Um 1,50 m	Ball und Teller
Tiffany (1) (H. macrophylla)	Halbschatten	Bis 1,50 m	Teller
Together (4) (H. macrophylla)	Halbschatten	Bis 1,50 m	Ball
Wim's Red (H. paniculata)	Sonne bis Halbschatten	Um 1,50 m	Rispe
Zorro (H. macrophylla)	Halbschatten	Bis 2 m	Teller

BLÜTENFARBE	BESONDERHEITEN	PFLANZ-EMPFEHLUNG	STILTYPEN-EMPFEHLUNG
Grün-Rot-Violett mit blauer Mitte	Mehrfarbige Blüten	Topf, kleine Beete	Vintage, Wilde Moderne
Rosa bis Blau	Rote Stiele	Topf, kleine und große Beete	Naturgarten, Vintage, Wilde Moderne
Weiß	–	Kübel, große Beete	New German Style, Vintage
Rot bis Lila	Sehr robust	Kübel, große Beete	New German Style, Vintage, Wilde Moderne
Weiß	Blüten gefüllt und hängend, Laub im Herbst tiefrot	Große Beete	Naturgarten, New German Style, Vintage
Rosa	Besonders klein	Topf, Zimmer	Vintage
Drei Blütenfarben in Rosa oder Blau	Drei Farbnuancen in einem Topf	Topf, Kübel, kleine und große Beete, Zimmer	New German Style, Wilde Moderne, Vintage
Dunkelrosa bis Lila mit hellerer Mitte	Zweifarbig, Wuchs leicht überhängend	Kübel, kleine und große Beete	Asia, Naturgarten, Vintage, Wilde Moderne
Gefüllt, Pastellrosa bis Blau	Gefüllte Blüten, die 12 Wochen halten	Topf, kleine und große Beete, Zimmer	New German Style, Vintage, Wilde Moderne
Weiß	Duftet, feuerrote Herbstfärbung der Blüten	Kübel, große Beete	Asia, New German Style, Vintage
Stahlblau bis kräftig Rosa	Schwarze Stiele	Kübel, große Beete	Asia, Naturgarten, New German Style, Wilde Moderne

BEZUGSQUELLEN FÜR HORTENSIEN

Timm GartenBaumschule e.K.
Inh. Clemens Lübberstedt
Böhmsholzer Weg 1
21391 Reppenstedt
Tel.: 04131 61 18 4
Fax: 04131 61 48 4
E-Mail: info@gartenbaumschule-timm.de
www.hortensien24.de

Baumschule Horstmann GmbH & Co. KG
Schäferkoppel 3
25560 Schenefeld (Mittelholstein)
Nur Abholung! Kein Verkauf vor Ort!
Tel.: 04892 89 93 40 0
(Mo-Fr. von 8:30-16:30 Uhr,
Sa. von 8:00-12:00 Uhr)
Fax: 04892 89 93 44 4
E-Mail: info@baumschule-horstmann.de
www.baumschule-horstmann.de

Garten Schlüter
Gustav Schlüter GmbH
Bahnhofstrasse 5
25335 Bokholt-Hanredder
Tel.: 04123 90 38 0
Fax: 04123 70 88
E-Mail: versand@garten-schlueter.de
www.garten-schlueter.de

Pflanzenbörse GmbH
Trift 16
58636 Iserlohn
Tel.: 02371 77 17 44
Fax: 02371 56 29 96 6
E-Mail: info@pflanzenboerse.de
www.hortensie.de

Hortensienwelt Ullman
Gartenbaubetrieb R. Ullmann
Horkenweg 18
01445 Radebeul
Tel.: 0351 838 67 67
Fax: 0351 838 70 31
E-Mail: info@hortensien.net
www.hortensien.net

Hortensiengarten Alt (kein Versand)
Alt Hans Gartenbau
Reistinger Straße 28
94060 Hartkirchen /Pocking
Tel.: 08532 92 51 67
Fax: 08532 92 51 68
E-Mail: mail@althansgartenbau.de
www.historische-hortensien.de

WEITERFÜHRENDE LITERATUR

- »Hortensien: Die schönsten Arten und Sorten«, Katharina Adams, BLV Buchverlag, 2017, 128 S.
- »Hortensien: Blütenbälle in Pastell«, Corinne Mallet, Verlag Eugen Ulmer, 2012, 96 S.
- »Hortensien«, Harry van Trier, Verlag Eugen Ulmer, 2011, 144 S.
- »Hortensien: Farbenpracht für jeden Garten«, Axel Gutjahr, Cadmos Verlag/avBuch, 2011, 80 S.
- »Enzyclopadea of Hydrangeas«, C. J. Van Gelderen und D. M. Van Gelderen, Timber Press Inc., 2004, 280 S.

STICHWORTVERZEICHNIS

A
Abdeckung 30, 91
Accessoires 53, 80
Alant, Hoher 62
Aluminium 18, 95
Aluminiumsulfat 25, 39, 56f, **95**
Arten **10f**, 46, 62, 80, 88, 91f
Asia-Stil 77f
Astilbe 29
Auslichten 97
Auspflanzen 39, 92
Azalea 29
Azaleen 29

B
Ballhortensie 11, 17f, 31f, 50, 54, 56, 69, 73, 82, 85
Bauernhortensie 11, 29, 50, 60, 69
Baumhortensie 11
Berghortensie 11
Bewässerung 30, 91
Blattfleckenpilze 99
Blattläuse 60, **98**
Blaubeeren 17
Blaufärbung 29, **95**
Blausäure 61
Blüten, fertile 81, 101
Blutweiderich 48, 72
Boden 10, 30f, 45f, **88**, 90, 95
 – alkalischer 88
 – saurer 88
Bodendecker 23, 48, 51, 60, 62, 78
Botrytis 99
Buchs 28f, 66, 91
Buddleja davidii 72
Buxus 28f, 66, 91

C
Campanula 29, 72
Carex 17, 23
Chlorose 92f
Cotula dioica 78
Crocosmia 47

D
Delphinidin 95
Dickmaulrüssler 99
Drehfrucht 71
Dryopteris filix-mas 49
Dünger 45, 88, **92f**

E
Echinacea purpurea 48
Eich(en)blatthortensie 11, 49, 65, 90, 97
Eichenhortensie 11
Eisen 92
Eisenmangel 92
Eisenkraut, patagonisches 47
Euonymus 60

F
Farn 17, 48, 78, 81
Fellhortensie 11
Fetthenne 29
Fiederpolster 78
Flammenblume 29, 72
Flüssigdünger 92f
Freifläche 78
Freisitz 78f
Frost 37, **89ff**, 94, 96
Frostresistenz 94
Frühlingsblüher 22
Fuchsie 17
Funkie 17, 28, 48, 72
Futterpflanze 60, 62

G
Galium odoratum 28, 72
Gartengestaltung 61, 77, 80
Gartenhortensie 11, 37
Geranium 29, 72
Gießen 9, 15f, 30, 35f, 90
Gieß-Rand 89
Gießwasser 73, 89
Glockenblume 29, 72
Gräser 46f, 50, 60, 85

H
Haftwurzeln 62
Hecke 27f, 50, 63, 71
Herbstfärbung 10, 32, 65, 101, 105
Herkunft 10
Hochstämmchen 16, 20, 23
Hornspäne 93
Hortensienblau 93f
Hortensienerde 88
Hosta 17, 28, 48, 72
Hydrangea anomala ssp. *petiolaris* 62
Hydrangea arborescens 21, 51, 64, 88, 96, 100
 – 'Annabelle' 11, 51, 61f, **65**, 100
 – 'Pink Annabelle' **51**, 104
Hydrangea aspera 11
Hydrangea macrophylla 11, 62, 80
 – 'Bela' 11, **31**, 88, 100
 – 'Blaumeise' **63**, 88, 100
 – 'Caipirinha' **75**, 100
 – 'Coral blue/Magical®' **25**, 100
 – 'Curly Sparkle' **56**, 100
 – 'Dark Angel' **82**, 100
 – 'Diva Fiore' **24**, 97, 100
 – 'Early Blue' **18**, 102
 – 'Endless Summer' **32**, 97, 102
 – 'Fantasia' **73**, 102
 – 'hor Tivoli' **39**, 102
 – 'Hortensia Trio' **55f**, 102
 – 'Hot Red' **38**, 102
 – 'Kanmara' **57**, 102
 – 'Kardinal' **64**, 102
 – 'Kleiner Winterberg' **38**, 102
 – 'Leuchtfeuer' **50**, 102
 – 'Miss Saori' **83**, 104
 – 'Red Baron' 33
 – 'Pink Sensation' **18**, 104
 – 'Pink Wonder/ Everbloom®' **24**, 104
 – 'Romance' **74**, 104
 – 'Rosita' 48, **49**, 104
 – 'Schloss Wackerbarth' **56f**, 104
 – 'Schloss Zuschendorf' **18f**, 106
 – 'Schneeball/Saxon®' **73f**, 106
 – 'Schöne Bautznerin' **33**, 88, 106
 – 'Table Rose/Saxon®' 37, **41**, 106
 – 'Three Sisters' **56**, 106
 – 'Tiffany' **19**, 106
 – 'Together' **39**, 106
 – 'Zorro' **33**, 106
Hydrangea paniculata **10f**, 48, 62, 80
 – 'Bobo' **19**, 100
 – 'Kyushu' **81**, 102
 – 'Levana' **64**, 104
 – 'Limelight' **32**, 47, 104
 – 'Phantom' 48, **50f**, 104
 – 'Pinky Winky' **25**, 104
 – 'Wim's Red' **81**, 106
 – 'Zwijnenburg' 32
Hydrangea quercifolia 11, 88, 90
 – 'Brido' 49
 – 'Burgundy' **65**, 100
 – 'Snowflake' **49**, 106
Hydrangea serrata 11, 80, 88, 95
 – 'Aigaku' 82
 – 'Blue Bird' **82**, 100
 – 'Blueberry Cheesecake' 75
 – 'Cotton Candy' **75**, 100

I, J
Ilex 29, 91
Immergrün, Kleines 23, 29, 48, 60
Imperata cylindrical 29
Insekten 60ff
Insektenhotel 61
Inula magnifica 62
Japanisches Blutgras 29

K
Kali-Alaun 95
Kalium 92ff
Kalk 88
Kies 23, 71, 78, 80, 82
Kletterhortensie 30, 62f
Knospenfäule 99
Kompost 31, 93
Krankheiten 98f
Kranz, Hortensien- 67
Kriechspindel 60
Kübelbepflanzung 18, 24, 45
Kulturpflanze 61

L
Labyrinth 27
Langzeitdünger 89, 92f
Lavandula angustifolia 72
Lavendel 71f
Liatris spicata 29, 48
Lupinen 29, 72
Lupinus 29, 72
Lythrum salicaria 48, 72

M
Mauer 16, 21f, 30, 46, 77f
Mehltau, Echter 99
Mini-Hortensie 37f, 41
Montbretie 47
Mulch 23, 31, 93
Mulchmaterial 23
Myosotis 71

N
Nachtfrost 37
Nährstoffe 16, 23, 28, 48, 88, **92ff**, 98
Nährstoffmangel 92
Nährstoffverhältnis 94
Naturgarten 9, **59ff**
New German Style 9, **45ff**
Nützlinge 60

O
Omphalodes verna 49

P
Perspektive 77, 80
Petersilie 17

Pflanzabstand 22, 29, 89
Pflanzen 9, 15, 22, 28, 36f, 45, 87ff
Pflanzenschutz 45
Pflanzloch 31, 89
Pflege 9, 16, 21, 27, 30, 35, 45, 59, **87ff**, 90
Phlox 29, 72
Phlox subulata 23
Phosphor 92ff
pH-Wert 31, 55, **88ff**, 93, 95, 99
Polster-Phlox 23
Porzellanblümchen 71
Prachtscharte 29, 48
Prachtspiere 29
Pratia pedunculata 71

R
Raublatthortensie 11
Rauhortensie 11
Retro-Stil 70
Rhododendronerde 89
Rispenhortensie 10f, 48, 62, 69
Rückschnitt 24, **96ff**

S
Sagina subulata 23
Saintpaulia 71
Salbei 72
Salvia 72
Samthortensie 11

Saxifraga × urbium 71
Schädling 9, 16, 35, 60, 88, **98f**
Scheinblüten 62, 64, 81f
Scheinlobelie 71
Schein-Sonnenhut 48
Schmetterling 60ff, 72, 81
Schmetterlingshortensie 11
Schneeballhortensie 11
Schnitt 10, 21, 23f, 51, **96f**
 – Rück- 24, 96f
 – Verjüngungs- 96f
Schnittblumen 41
Schnitthortensien 41
Schnittlauch 17
Sedum 29
Segge 17, 23
Sitzecke 28, 30
Solitärpflanze 17, 56
Sommerflieder 17, 72
Sorten 9, **10f**, 18, 21f, 34, 31, 38, 41, 47, 49, 53, 56, 59, 61ff, 73, 81, 85, 91, 97, **100ff**
Spätfärbung 36, 49
Spiegelbeet 29
Spinnmilben 35, 98
Spurenelement 92, 95
Standort 45ff, 88ff, 98f, 100ff
Staudenverwendung 45
Staunässe 30, 38, 88, 91
Stechpalme 29, 91

Sternmoos 23, 31
Stickstoff 92f
Storchschnabel 29, 72
Sträuße 66f, 84f
Streptocarpus 71

T
Tellerhortensie 11, 63f, 75, 82, 85
Thripse 60, 98f
Tischdekoration 40f, 69
Tomaten 17, 54
Topfgarten 15f, 49, 53, 56, 60, 72
Topfhortensien 15f, 90f
Topfpflanze 41
Trockenstress 35

U
Unkraut 22f, 27, 31
Usambaraveilchen 71

V
Verbena bonariensis 47
Verbenen 17
Vergissmeinnicht 71
Vergrünen 35, **36**, 41, 67, 74, 85
Viburnum bodnantense 47
Vinca minor 23, 29, 48, 60
Vintage-Stil 69ff
Vlies 27, 31, 79, 91
Vorgarten 9, 51, 78, 81, 83

W
Wald-Gedenkemein 49
Waldhortensie 11, 51
Waldmeister 28, 72
Wassermangel 90
Wasserspeicher 15, 36
Wege 27, 29, 71, 79
Wellenform 22, 27
Wiesenblumen 60
Wildkraut 30, 48, 59f
Wildpflanzen 30, 60f
Wildtiere 62
Wind 16, 46, 51
Windgeschützt 22, 57, 90
Wintergarten 35
Winterkälte 91
Winter-Schneeball 47
Winterschutz 16, 49, 57, 65, **88ff**
Wollschildläuse 98
Wurmfarn 49
Wurzelballen 89, 92
Wurzelfäule 16, 38
Wurzel-Konkurrenz 23, 48
Wurzelsperre 17, 23, 60

X, Y, Z
Zaun 21f, 30, 59, 65, 71
Zimmerhortensie 25, **35ff**, 98
Zurückschneiden 21, **96f**

BILDNACHWEIS

andersphoto – shutterstock.com: 100; blackliz – shutterstock.com: 66u; Chrisberic – fotolia.com: 30; enisFilm – shutterstock.com: 29; Elke Borkowski/gardenpicturestock: 26, 42/43; Esther Hildebrandt – fotolia.com: 40or; Flora Press/Bildagentur Beck: 1, 78; Flora Press/BIOSPHOTO/Dominique Dumas: 61; Flora Press/BIOSPHOTO/Frédéric Didillon: 33u; Flora Press/Caroline Bureck: 84or; Flora Press/Daniela Behr: 66l; Flora Press/Daniela Kunze: 40l, 66or, 67; Flora Press/Derek Harris: 22; Flora Press/Derek St. Romaine/Brooke Cottage, Cheshire: 8; Flora Press/Georgie Steeds: 40ur; Flora Press/GWI: 4o, 62; Flora Press/Helga Noack: 84l; Flora Press/Jenkins Fotografie: 84ur; Flora Press/Joanna Kossak: 71; Flora Press/Liz Eddison: 76; Flora Press/MAP: 26, 93; Flora Press/Nova Photo Graphik/: 2/3, 19o, 19u, 38u, 83, 102r, 104l, 106l; Flora Press/Otmar Diez: 89; Flora Press/Royal Horticultural Society: 94; Flora Press/Visions: 34, 52; Flora Press: 90; Hydrangeaworld: 6/7, 17, 55o, 85; Julietphotography – shutterstock.com: 58; mauritius images/Andrea Jones Images/Alamy: 25u, 104m; mauritius images/blickwinkel/Hans-Roland Müller: 47; mauritius images/Diversion/Yano Mitsunori: 10o; mauritius images/Ernie Janes/Alamy: 68; mauritius images/Garden World Images/Gilles Delacroix: 32r, 105l; mauritius images/Garden World Images/GWI/Nick Johnson: 80; mauritius images/Garden World Images/GWI/Trevor Sims:

91; mauritius images/Garden World Images/Jonathan Need: 50o, 105m; mauritius images/Garden World Images/Oscar D'arcy: 57, 75u, 101m, 107m; mauritius images/John Richmond/Alamy: 82o, 101l; mauritius images/Ken Gardener/Alamy: 44; mauritius images/Kernow Plant Pics/Alamy: 82u; mauritius images/Mary Liz Austin/Alamy: 54; mauritius images/McPHOTO/Hans-Roland Mueller: 49u; mauritius images/Nigel Cattlin/Alamy: 99u; mauritius images/Steffen Hauser/botanikfoto/Alamy: 63o; mauritius images/Sweet INK/: 79; mauritius images/Tim Gainey/Alamy: 32o, 102l; mauritius images/Visions Pictures/Elburg Botanic Media: 49o, 107r; mauritius images/Zena Elea/Alamy: 81o; mexrix – shutterstock.com: Hintergrund 40/41, 66/67, 84/85; Olena Ukhova – shutterstock.com: 70; Pellens: 5o, 18o, 39o, 39u, 41, 55u, 63u, 73o, 73u, 74, 102m, 103r, 106m, 107l; Peter Turner Photography – shutterstock.com: 10u; Strauß: 4u, 12/13, 14, 16, 20, 23, 46, 48, 60, 72, 86/87; SusaZoom – fotolia.com: 99o; www.baumschule-horstmann.de: 24o, 38o, 50u, 51, 81u, 103l, 105r; www.diva-fiore.de: 24o; www.floradania.dk: 36, 37; www.hortensien24.de: 18u, 25o, 31, 33o, 56, 64o, 64u, 65u, 75o, 95, 104r, 106r; www.hydrangeabreeders.nl: 57u, 103m; yumehana – shutterstock.com: 65o, 101r

Grafiken: Horst Gebhardt/Flora: 97

ÜBER DIE AUTORIN

Vivian Pellens ist gelernte Journalistin und Social Media Managerin und hat in dieser Funktion für Tageszeitungen und andere Print-Medien gearbeitet. Im Familienbetrieb Pellens Hortensien, der zu den größten Hortensien-Produzenten Deutschlands gehört, ist sie für PR und Kommunikation sowie den großen Sorten-Schaugarten zuständig. Das Herz der ganzen Familie Pellens schlägt für die Hortensie und ihre oftmals unterschätzte Vielseitigkeit.

Impressum

Bibliografische Information der Deutschen Nationalbibliothek
Die Deutsche Nationalbibliothek verzeichnet diese Publikation in der Deutschen Nationalbibliografie; detaillierte bibliografische Daten sind im Internet über http://dnb.d-nb.de abrufbar.

BLV Buchverlag GmbH & Co. KG
80636 München

© 2017 BLV Buchverlag GmbH & Co. KG, München

Das Werk einschließlich aller seiner Teile ist urheberrechtlich geschützt. Jede Verwertung außerhalb der engen Grenzen des Urheberrechtsgesetzes ist ohne Zustimmung des Verlags unzulässig und strafbar. Das gilt insbesondere für Vervielfältigungen, Übersetzungen, Mikroverfilmungen und die Einspeicherung und Verarbeitung in elektronischen Systemen.

www.facebook.com/blvVerlag

Umschlagkonzeption und -gestaltung:
BLV-Verlag
Umschlagfotos:
Vorderseite: mauritius images/BY
Rückseite: Strauß

Lektorat: Corina Steffl
Herstellung: Angelika Tröger
Layoutkonzept Innenteil und DTP:
Irina Pascenko

Gedruckt auf chlorfrei gebleichtem Papier
Printed in Germany
ISBN 978-3-8354-1673-4

Hinweis
Das vorliegende Buch wurde sorgfältig erarbeitet. Dennoch erfolgen alle Angaben ohne Gewähr. Weder Autorin noch Verlag können für eventuelle Nachteile oder Schäden, die aus den im Buch vorgestellten Informationen resultieren, eine Haftung übernehmen.

BLV im WEB

In unserem Webshop warten weit über 500 lieferbare Titel zu den Themen Garten, Natur, Sport, Fitness, Kreativ und Kochen auf Sie.

Surfen Sie doch mal vorbei und bestellen Sie **versandkostenfrei**.

Versandkostenfrei bestellen: www.blv.de